Der Angriff der Zeichen

Bernd Scherer

Der Angriff der Zeichen

Denkbilder und Handlungsmuster des Anthropozäns

Matthes & Seitz Berlin

Für Karin, Tina, Helen
und Joschua und Isabel

INHALT

PROLOG

DIE MATHEMATISIERUNG DER WELT

DIE GEWALTSAME EROBERUNG DER WELT

DAS ZEITALTER DES ANTHROPOZÄNS

EPILOG

PROLOG

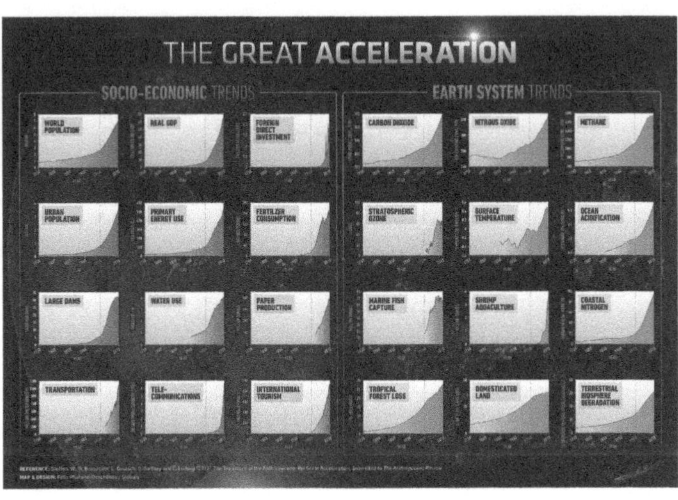
THE GREAT ACCELERATION
SOCIO-ECONOMIC TRENDS
EARTH SYSTEM TRENDS
WORLD POPULATION
REAL GDP
FOREIGN DIRECT INVESTMENT
CARBON DIOXIDE
NITROUS OXIDE
METHANE
URBAN POPULATION
PRIMARY ENERGY USE
FERTILIZER CONSUMPTION
STRATOSPHERIC OZONE
SURFACE TEMPERATURE
OCEAN ACIDIFICATION
LARGE DAMS
WATER USE
PAPER PRODUCTION
MARINE FISH CAPTURE
SHRIMP AQUACULTURE
COASTAL NITROGEN
TRANSPORTATION
TELE-COMMUNICATIONS
INTERNATIONAL TOURISM
TROPICAL FOREST LOSS
DOMESTICATED LAND
TERRESTRIAL BIOSPHERE DEGRADATION

Unter dem Vulkan

Wir leben in einer Gesellschaft, die von Angst geprägt ist, von dem diffusen Gefühl, die Kontrolle über das eigene Leben zu verlieren, und dem vagen Eindruck, dass Prozesse im Gange sind, die man weder ganz verstehen noch kontrollieren kann. Das gilt insbesondere für die Veränderungen der scheinbar natürlichen Umwelt. Hurrikane, Hitzerekorde, ausgedörrte Felder, Waldbrände und Überschwemmungen markieren Katastrophen, von denen immer klarer wird, dass sie keines natürlichen Ursprungs mehr sind, sondern von Menschen erzeugt.

Verstärkt wurde dieser Eindruck im Jahr 2020 durch die Corona-Krise. Sars-CoV-2 drang in unser Leben vor und erzeugt nun eine planetarische Gegenwart, deren Verwerfungen und Ungleichheiten aufgrund der Katalysatorwirkung des Virus wie unter einem Brennglas sichtbar werden. Denn während uns aus dem Globalen Süden Bilder eines brutalen Existenzkampfes erreichen, trifft es dieses Mal auch die europäischen Gesellschaften, die seit mehr als einem halben Jahrhundert keine solche grundlegende Krisenerfahrung mehr gemacht haben. Das Virus verändert tiefgreifend den Alltag, die Routinen, das Leben. Wir fassen Türklinken nicht mehr mit den Händen an, vermeiden Kontakt zum Treppengeländer, weichen anderen Passant:innen auf der Straße aus, schrecken zurück, wenn eine Freundin mit offenen Armen auf uns zukommt. Kurz, wir entfremden uns ein Stück weit von unserer Umwelt, indem wir die sinnlichen Begegnungen einschränken. Diese Entfremdung wird zusätzlich noch intensiviert durch die Verlagerung der meisten sozialen Kontakte – seien es die der Arbeitswelt, seien es die des Privatlebens – in die digitale Welt.

Es finden also planetarische Transformationen statt, an denen die westlichen Gesellschaften einen wesentlichen Anteil haben. Und ihre Auswirkungen schlagen inzwischen verstärkt auf diese Gesellschaften selbst zurück und stellen dabei deren traditionelles Selbstverständnis infrage. So zeigten sich etwa die wenigsten politischen Akteur:innen in Deutschland vorbereitet, als das Klimathema mit Vehemenz die maßgeblichen gesellschaftlichen Diskussionsbühnen eroberte, war man doch schließlich die vergangenen Jahre vornehmlich mit dem sogenannten »Flüchtlings«-Thema beschäftigt gewesen. Und schon bei Letzterem hatten sich die europäischen Nationalstaaten überfordert gezeigt vom Schicksal der vielen Menschen, welchen in ihren Gesellschaften die Lebensgrundlagen entzogen worden waren und die nun eine sichere Bleibe suchten. Sie kamen aus Gebieten, in denen Dürren oder Überschwemmungen ihre Existenz bedrohen oder globale Kämpfe um die Bodenschätze dieser Erde ausgetragen werden.[1]

Aber auch in Relation zu den anderen Lebewesen auf der Erde stellt sich die Frage nach dem menschlichen Selbstverständnis. Denn es zeigt sich, dass wir mit Prozessen konfrontiert sind, die nicht nur unser eigenes Überleben infrage stellen, sondern auch das anderer Spezies – der Rückgang der Biodiversität ist mittlerweile so dramatisch, dass eine weitere »Mass Extinction« möglich, wenn nicht gar unvermeidlich erscheint.

Vorangetrieben werden diese grundlegenden Veränderungen von Technologien, die inzwischen eine solche Bedeutung gewonnen haben, dass im Kontext der Debatten um künstliche Intelligenz die Frage aufgeworfen wird, ob wir nicht dabei sind, die menschliche Intelligenz in einem Maße an Maschinen auszulagern, sodass diese den Menschen künftig nicht nur in Teilbereichen, sondern prinzipiell ersetzen könnten. Eine Aussicht, die das menschliche Selbstverständnis in eine existenzielle Krise stürzt.

Liegt aber diesen Entwicklungen etwas Gemeinsames zugrunde, gibt es einen Denkrahmen, der diese Phänomene verständlich macht?

Eine Antwort auf diese Frage führt uns in die Umgebung von Mexiko-Stadt zur Zeit der Jahrtausendwende, an jenen Ort, an dem der Brite Malcolm Lowry Mitte der 1930er-Jahre an seinem Roman *Unter dem Vulkan* schrieb, der von ihm als ein Parallelwerk zu Dantes Inferno für das 20. Jahrhundert konzipiert worden war. Hier in Cuernavaca trafen sich im Februar des Jahres 2000 Klima- und Erdsystemwissenschaftler:innen des International Geosphere-Biosphere Programms (IGBP), um über den globalen Wandel der Umweltbedingungen zu diskutieren. Dabei fiel mehrfach der Begriff des Holozäns, also jenes Erdzeitalters, in dem wir uns nach damaliger Auffassung noch immer befanden.

Plötzlich erhob sich Paul Crutzen, der Wissenschaftler, dem wesentlich die Entdeckung des Ozonlochs zuzuschreiben ist und der dafür mit dem Nobelpreis geehrt wurde, und sagte: »Stop using the word Holocene! We're not in the Holocene anymore. We're in the … the … the Anthropocene!«[2]

Was war geschehen? Was ließ einen der bedeutendsten Wissenschaftler unserer Zeit um Worte ringen und schließlich ein neues Zeitalter ausrufen? Vom Bevölkerungswachstum über den Anstieg des Bruttosozialproduktes, den Zuwachs an Staudämmen, den Wasserverbrauch, den Anstieg des Kohlendioxidgehalts in der Atmosphäre, über die Plastikproduktion bis hin zum Rückgang des Regenwaldes und der Biodiversität – der Entwicklungsverlauf wesentlicher Parameter des Mensch-Erde-Systems wies, wie eine Reihe von Kurvendiagrammen von Forscher:innen des IGBP wenige Jahre später bestätigte, eine gemeinsame, dramatische Tendenz auf: Ab der Mitte des 20. Jahrhunderts stiegen sie alle exponentiell an.

Die Erdsystemwissenschaftler:innen sprechen von der »Great Acceleration«, der großen Beschleunigung. Da alle Kurven sich auf Entwicklungen zurückführen lassen, die von Menschen ausgelöst wurden, erschien Paul Crutzens Wortschöpfung »Anthropozän« als neue Epochenbezeichnung besonders geeignet: Der Mensch wird zur größten Naturkraft.[3] Er greift nicht mehr einfach nur in die Natur ein, er verändert den Planeten. Die Menschheitsgeschichte wird zur planetarischen Geschichte.[4] In ebendiesem Sinne wurde der Begriff »Anthropozän« seit Mitte der ersten Dekade des 21. Jahrhunderts von Erdsystemwissenschaftler:innen immer wieder verwendet.[5]

Doch als wäre das noch nicht genug, deutet das exponentielle Ansteigen der Kurven der »Great Acceleration« auf etwas noch viel Besorgniserregenderes hin: Die Menschheit verändert nicht nur den Planeten, sondern sie reißt durch ihre Interventionen sogar das bestehende Erdsystem aus seinem bisherigen Zustand. Ihr Handeln destabilisiert das Gefüge des planetarischen Stoffwechsels, das mindestens seit dem Ende der letzten Eiszeit vorgeherrscht hat. Wodurch aber wurde es der Spezies Mensch überhaupt möglich, Energien zur Verfügung zu stellen, die planetarische Transformationen erlauben?

Zum einen gelang dies, indem die sogenannte »deep time«, die Tiefenzeit des Planeten, durch fossile Energien in die Jetztzeit des Menschen transponiert wurde. Als Bild kann hier die Ölraffinerie dienen. Sie verwandelt das fossile Rohprodukt, das die Erde über Millionen von Jahren in mechanischen und biochemischen Prozessen hergestellt hat, in die Energie, die unsere Industrien und unsere Mobilität antreibt. Es findet eine ungeheure Kompression von Zeit statt: Planetarische Zeit wird in Menschenzeit transformiert.

Wie das Beispiel zeigt, wurde diese Transformation wesentlich durch neue Technologien ermöglicht. Anders als in der Vormoderne entstehen diese Technologien seit dem 19. Jahrhundert in Laboren. Labore sind künstlich hergestellte Weltausschnitte. Sie sind Materialisierungen mentaler Konstruktionen, die dann selbst Realitäten erzeugen.

Zum anderen ermöglicht es der Kapitalismus, die Zukunft mittels Krediten in die Gegenwart zu übersetzen. Zukünftige Prozesse werden so der Gegenwart als Ressource zur Verfügung gestellt.

Die bei diesen Prozessen eingesetzten Energien bringen aber nicht nur das Erdsystem aus der Balance, sie destabilisieren auch unsere Ordnungssysteme, indem sie unsere bisherigen Denk- und Wissenssysteme mitsamt den ihnen zugrunde liegenden Kategorien in mehrfacher Hinsicht infrage stellen:

Raum-Zeit-Entgrenzung: Technologien wie die Raffinerie erlauben es, Energien zur planetarischen Umgestaltung der Welt zur Verfügung zu stellen. Damit verbunden ist ein vorher nie gekannter Skalierungssprung. Die Folgen menschlichen Tuns gehen dadurch weit über die traditionellen Erfahrungsräume hinaus. Sie betreffen andere Gesellschaften und spätere Generationen. Es findet eine Entgrenzung von Räumen und Zeiten statt. Wurden menschliche Erfahrung und Wissen früher noch von Generation zu Generation weitergegeben, so muss sich dieses Erfahrungswissen nun an den Rhythmen der Technologien orientieren. Während wir in Echtzeit rund um den Globus kommunizieren können, sind wir gleichzeitig über fossile Energien mit den geologischen Zeitskalen des Planeten verbunden.

Entkoppelt sich unsere Erfahrung damit einerseits Schritt für Schritt von der Vergangenheit, so verbauen wir uns andererseits durch den Verbrauch der Ressourcen und die Produktion von Waren mehr und mehr unsere Zukunft. Zeit wird komprimiert und reduziert sich auf eine fragile Jetztzeit, in der sich sowohl die Tiefenzeit der Vergangenheit als auch die Zukunft verdichten. Für die Politik bedeutet dies: Sie muss in immer kürzeren Zeittaktungen Entscheidungen treffen, die immer längerfristigere Konsequenzen haben.

Natur-Kultur-Dualismus: Die Unterscheidung zwischen Natur und Kultur und die damit verbundene Unterscheidung zwischen einem intentionalen Handeln des Menschen und den kausalen Prozessen der Natur war grundlegend für die Wissensproduktion einer globalen Moderne. Sie liegt der Trennung von Natur- und Kulturwissenschaften zugrunde. Die anthropozänen Prozesse haben nun jedoch zur Folge, dass sich menschliches Handeln immer stärker mit Naturprozessen verwebt. So führt die industrielle Produktion – also eine bestimmte Form menschlichen Handelns innerhalb der industrialisierten Teile der Welt – dazu, dass sich das Klima verändert und die Meeresspiegel ansteigen, ein wiederum naturhafter Prozess, der seinerseits Menschen andernorts dazu veranlasst, küstennahe Regionen zu verlassen. Aufgrund der immer stärker werdenden Durchdringung der Naturphänomene durch menschliches Handeln und Bewusstsein ändern sich die Gegenstandsbereiche der Naturwissenschaften grundlegend, was beispielsweise die rechtliche Frage aufwirft, wer im Falle der Klimaveränderung als Täter für die Veränderungen verantwortlich gemacht werden kann, sind doch die Verursacher:innen des anthropozänen Wandels nicht immer auch die Betroffenen. Dies führt zu neuen Problemen der globalen Gerechtigkeit.

Technosphäre: Die anthropozänen Prozesse werden getrieben und kontrolliert von Technologien, die in den letzten Jahrzehnten immer stärker miteinander vernetzt wurden, sodass sich neben der Atmosphäre und der Biosphäre eine eigene Technosphäre entwickelt hat, eine Bezeichnung, die auf den amerikanischen Geowissenschaftler Peter Haff zurückgeht. Diese Technosphäre, der wir unter anderem die Versorgung mit Strom und Wärme sowie die digitale Kommunikationsinfrastruktur verdanken, ist für unsere Gesellschaften mittlerweile überlebenswichtig geworden. Ihr Zusammenbrechen würde zu gesellschaftlichem Chaos führen, nicht zuletzt, weil sie neben der materiellen Außenwelt auch die gesellschaftliche Organisation und die Innenwelt des Psychischen tiefgehend verändert hat. So lagern wir beispielsweise Wissensbestände zunehmend ins Netz beziehungsweise in die Cloud aus. Und es zeigt sich etwa an Menschen, die sich mittels des Internets radikalisieren, wie die Technosphäre, die wesentlich von Expert:innen aus Technik und Wissenschaft gestaltet und von großen Plattform-Unternehmen gesteuert wird, unmittelbar auf das Innenleben von Menschen einwirkt und dabei Subjektivität verändert. Große Teile der Gesellschaft sind nicht mehr Akteur:innen, sondern Objekte der anthropozänen Entwicklung. Dies gefährdet zunehmend die demokratischen Strukturen unserer Gesellschaft und macht deutlich, dass die Kulturwissenschaften, die sich um ein Verständnis des Menschen kümmern, nicht mehr umhinkönnen, die technologischen und materiellen Transformationen des menschlichen Seins in den Blick zu nehmen.

Repräsentations- und Wissensbegriff: In der Welt des Holozäns galt der Mensch lange Zeit als Akteur, der vor einer einigermaßen konstanten Naturkulisse agiert. Dies hatte zur Folge, dass die Zeichenwelten als variabel angesehen wurden und unterschiedliche Gesellschaften verschiedene Zeichensysteme und damit Kulturen entwickeln konnten. Demgegenüber galt die Natur, die Welt der Gegenstände, auf die sich die Zeichen bezogen, als weitgehend konstant, ein Verständnis, das auch dadurch befördert wurde, dass das Erdsystem in den Zeiten des Holozäns einigermaßen stabil war. Zeichen repräsentierten demnach konstante Gegenstände.

Dies verändert sich in der anthropozänen Welt grundlegend. Wir sind wissensgetriebene Gesellschaften, nicht nur weil unser Wissen ständig zunimmt, sondern weil die Realitäten, die wir erzeugen, auf Wissen beruhen. Dies bedeutet, die Wissens- und damit die Zeichensysteme repräsentieren nicht mehr ausschließlich die Welt, sondern mit ihrer Hilfe werden aufgrund der mehr oder weniger direkten Umsetzung von Wissen in Technologien und deren Anwendungen immer neue Welten geschaffen. Wir beziehen uns also mit den Zeichen nicht mehr auf die eine äußere Welt, sondern wir bewegen uns innerhalb von Welten, in denen sich Zeichen- und materielle Prozesse miteinander verbinden. So wird etwa am Beispiel der durch Algorithmen gesteuerten Finanzmärkte ersichtlich, wie Datenerhebung, Berechnung und Rückübersetzung in die Wirklichkeit zu einer beinahe in Echtzeit erfolgenden Verknüpfung des in Algorithmen gespeicherten, sich über Feedbackloops permanent verfeinernden Wissens – eines Expertenwissens, das sich direkt mit industrieller Produktion verbindet und damit einer gesellschaftlichen Diskussion weitgehend enthoben ist – mit der sich dadurch transformierenden Wirklichkeit führen. Die Zeichenwelten der Algorithmen interagieren unmittelbar mit den realen Welten und umgekehrt.

Von Objekt- zu Prozesswelten: Die Welt des Holozäns war für westliche Gesellschaften eine Objektwelt. Die grammatische Struktur westlicher Sprachen bezog sich auf Objekte, über die etwas ausgesagt wurde, denen also Eigenschaften zugesprochen wurden. Im Anthropozän werden diese Objektwelten nun aber durch Wissenswelten dynamisiert: An die Stelle materieller Objekte treten Stoffwechselprozesse, das heißt, wir bewegen uns zunehmend von objektbasierten hin zu prozessbasierten Weltsichten.

An der Art und Weise, wie das Thema der Mobilität zurzeit gefasst wird, lässt sich aufzeigen, wie eine solche Veränderung der Weltsichten aussehen kann: Im 20. Jahrhundert war die Mobilität objektbasiert. Das Symbol dieser Welt war das Auto, dem verschiedene Eigenschaften zugesprochen wurden. Es war schnell, schön, hatte eine dynamische Form etc. Die entscheidende Veränderung der letzten Jahre besteht nun darin, dass die Autoindustrie nicht mehr so sehr darüber nachdenkt, wie sie ein Auto schneller, dynamischer oder Ähnliches machen kann, sondern welche Mobilitätssysteme wir in Zukunft benötigen. An die Stelle des Objekts Auto tritt der Prozess der Mobilität als solcher. Werden aber Prozesse zu Bezugspunkten des Denkens, dann werden die früheren Objekte zu Eigenschaften, die eine bestimmte Zeitphase jenes Prozesses definieren. Im Falle der Mobilität beispielsweise wird das Fahrrad-, das Bahn- oder auch das Autofahren zu einer Eigenschaft bestimmter Mobilitätsphasen, die über die Algorithmen der digitalen Welt gesteuert werden. Eine solche gegenwärtig stattfindende Transformation ist mit der Weltsicht des Holozäns und seinen Bezugssystemen nicht mehr adäquat zu erfassen.

Wie sich an diesen Punkten zeigt, bedarf es eines Paradigmenwechsels hin zu einem neuen Referenzrahmen. Wir brauchen neue Wissenssysteme, denn die Trennung in Naturwissenschaften einerseits und Kultur- und Geisteswissenschaften andererseits wird einer Welt, in der sich beide Phänomenbereiche durchdringen, schlichtweg nicht gerecht. Aber auch konventionelle interdisziplinäre Ansätze sind nicht ausreichend, handelt es sich doch um ganz neue Phänomene, für die es erst eine eigene Sprache und neue Disziplinen zu entwickeln gilt. Insofern es also darum gehen muss, die Welt neu zu sehen, spielen künstlerisch-ästhetische Verfahren eine herausgehobene Rolle.

Neben der sinnlichen Unterscheidbarkeit der neuen Phänomene muss dabei auch ihre ethische Einordnung zum Tragen kommen, die es in sozialen und politischen Praktiken einzuüben gilt. Es geht darum, angesichts einer existenziellen Bedrohung neue Formen von Solidarität zu entwickeln und gemeinsam Denk-, Handlungs- und Arbeitsweisen in einer anthropozänen Lebenswelt zu erproben.

In diesem Sinne macht sich dieses Buch auf den Weg, den Symptomen und Gründen der Veränderungen nachzuspüren. Dabei werden die Strukturen, die Denk- und Handlungsmuster der Veränderungen, nicht im engeren Sinne definiert, sondern vielmehr nachgezeichnet. Ausgangspunkt hierfür ist die folgende Überlegung: Zwar macht es sehr viel Sinn, den Beginn des Anthropozäns, wie die Anthropocene Working Group vorschlägt, in der Mitte des 20. Jahrhunderts zu verorten, weil dort die Prozesse, die das Erdystem destabilisieren und in den Diagrammen der »Great Acceleration« erfasst sind, angefangen haben zu kulminieren. Gleichwohl entwickelten sich die Denk- und Handlungsmuster, die dazu führten, über Tausende von Jahren. Will man also die anthropozänen Denk- und Handlungslogiken verstehen, um neue Theorien der anthropozänen Welt zu entwickeln, gilt es, diesen Vorgeschichten in ihrer Bedeutung für die heutige Welt nachzuspüren.

Im Folgenden soll es also nicht darum gehen, einen linearen historischen Prozess zu beschreiben, sondern geschichtliche Entwicklungen, die sich überlagern, in Beziehung zueinander zu setzen und historische Bohrungen vorzunehmen, um Strukturen erkennbar werden zu lassen. So soll unsere Gegenwart als ein vielschichtiges Palimpsest lesbar werden, in das historische Denk- und Handlungsmuster eingeschrieben sind. Das Ergebnis ist eine Kartografie von Denkbildern und Handlungsmustern des Anthropozäns und die damit verbundene Einladung, gemeinsam diese Räume zu vermessen, darin zu navigieren. Es wird eine Reise durch eine Landschaft sein, die mehr und mehr von Technologien durchdrungen ist, von denen der Akteur Mensch bereits ahnt, dass sie nicht mehr ganz unter Kontrolle sind.

Erde und Mensch. Ein Gerichtsverfahren am Ende des 15. Jahrhunderts

Ein frühes Denkbild, in dem das Verhältnis von Mensch und Natur verhandelt wird, findet sich auf dem Frontispiz des *Iudicium Iovis*, das kurz nach 1490 in Leipzig erschienen ist.[6] Wir sehen darauf, in einer eigenwillig komponierten Landschaft, einen abgegrenzten Bereich, in dem Gericht gehalten wird. Im Zentrum des Bildes thront Jupiter. Vor ihm erscheint eine weinende Frau mit zerrissenem Kleid und Verletzungen am Leib. Es handelt sich bei ihr um die Erde. Angeklagter ist der Mensch, als Kläger:innen treten eine Reihe von Gött:innen auf, und die Hauptanklage lautet, dass der Mensch sich nicht mit den Früchten der Erde zufriedengebe, die ja alle ernährt. Er sei unersättlich und dringe zwecks Erzabbaus in die Erde ein und füge ihr damit große Verletzungen zu. Die Lage erscheint für den Menschen zunächst aussichtslos. Zu drückend ist die Beweislast. Doch dann hebt er zur Gegenargumentation an. Er wehrt sich mit dem Argument, dass die Erde ihn nicht wie eine wahre Mutter, sondern stiefmütterlich behandle, indem sie ihre kostbarsten Schätze vor ihm verberge. Der Hass der Erde gehe so weit, dass beim Graben zahlreiche Menschen ihr Leben verlören, und das, obwohl, so schließt er, die Bestimmung der Erde doch darin liege, dem Nutzen und Fortschritt des Menschen zu dienen. Die Erde aber kontert mit dem Hinweis, dass der Raubbau durch den Menschen über kurz oder lang zu ihrem Zusammenbruch führen werde und sie dann auch ihren Aufgaben nicht mehr werde nachkommen können.

Nun ist die Reihe an Jupiter. Dieser aber fühlt sich nicht in der Lage, ein Urteil zu fällen, weshalb er Fortuna bittet, Recht zu sprechen. Fortuna entscheidet sich für den Menschen, mit dem Argument, »mit seiner Tätigkeit würde er zwar alle Konventionen verletzen, aber dies sei seine Bestimmung – zudem zahle er mit Anstrengung und Tod.«[7]

Hier, in dieser Auseinandersetzung zwischen der Erde und den Menschen, wird die Idee eines *Forums* eingeführt, die in der heutigen Diskussion um die anthropozänen Veränderungen der Erde neue Relevanz gewinnt. Es gibt in der Auseinandersetzung zwischen Mensch und Erde keinen bestehenden Rechtsrahmen, auf den sich die Rechtsprechung beziehen könnte. Deshalb ist Jupiter am Ende auch überfordert, wenn von ihm ein Urteil verlangt wird. Und deshalb muss der Prozess evidenzgetrieben geführt werden, wobei die Evidenzen auf sinnlicher Anschauung beruhen, nämlich auf den Verletzungen der Erde; Wunden, die der Mensch ihr zugefügt hat, Wunden, die im Bild durch das zerschundene Kleid repräsentiert werden.

Kommt der modernen Forensik bei Gerichtsverfahren eine klar definierte Rolle im Sinne einer systematischen Erfassung von kriminellen Handlungen zu, die Bezugspunkt einer von Regeln geleiteten Rechtsprechung sind, so versteht sich die hier präsentierte *Forensis*, ganz im klassischen Wortsinn, als ein Forum, in dem ein Prozess in Szene gesetzt wird. Denn gerade, da dieser in einem rechtlich nicht klar definierten Raum stattfindet, stehen die Grundkategorien mit zur Disposition, geht es um die Bedeutung der grundlegenden Zeichen: Es ist zunächst nicht klar, wer Täter, wer Opfer und was überhaupt der Gegenstand der Auseinandersetzung ist. Geht es um die bloße Entnahme von Mineralien? Oder ist es die Verwundung der Erde? Oder der verzweifelte Versuch, der Erde etwas zu entreißen, was diese freiwillig nicht hergibt? Um welchen Gegenstand es sich handelt, wird dabei selbst erst ausgehandelt und hängt davon ab, wie die Beteiligten die Welt sehen, wie sie sie wahrnehmen. Sowohl bezogen auf das Bild wie auf das Argument geht es dabei letztlich nicht um eine ethisch/moralische, sondern um eine ästhetische Ordnung: Es bedarf einer sinnlichen Sensibilität, um zu erkennen, dass der Mensch der Erde nicht nur Mineralien entnimmt, sondern sie dabei auch verletzt. Wer Täter, wer Opfer ist, bestimmt sich somit aus der Gliederung der Welt, der Art, wie der Gegenstand in der Verhandlung hergestellt wird.

Dass es die Erde selbst ist, die – im *Iudicium Iovis* zwar wesentlich durch Götter wie Merkur, Pluton und Charon vertreten, die die Rollen der heutigen Expert:innen einnehmen – vor dem Richterstuhl erscheint, gewinnt vor dem Hintergrund der heutigen Diskussion um das Anthropozän eine unmittelbare Aktualität. Aus heutiger Perspektive läutet der Rechtsstreit des 15. Jahrhunderts nämlich eine Entwicklung ein, an deren Ende der Mensch in der Tat so viel Energien mobilisieren kann, dass er die Erde als Ganzes grundlegend verändert. Durch den Urteilsspruch Fortunas freigestellt, die Erde weiter für seine Zwecke zu nutzen, wird sie dem Menschen selbst zum ultimativen forensischen Objekt.

Worauf fußt aber dieses Urteil, und was bedeutet es für uns heute? Ihren Freispruch leitet Fortuna nicht aus den vorher angeführten Fakten ab, vielmehr verweist sie auf die »Bestimmung« des Menschen, auf seine festgelegte Rolle *innerhalb* des Ganzen. Für Fortuna verletzt der Mensch durch seine Bergbautätigkeit die Ordnung, der er zugehört, noch nicht, da sein Tun begrenzt und endlich ist. Das Urteil, das sie spricht, ist daher ein ästhetisches: Der Kosmos, dem der Mensch angehört, bleibt in seiner Ordnung erhalten, das Gesamtgefüge wird durch das Tun des Menschen nicht gefährdet. Die Interventionen des Menschen sind lokal begrenzt, sie verletzen nicht die Erde als Ganzes. Aber ästhetisch deutet sich schon eine Änderung des bestehenden Ordnungsgefüges an.

Genau aus diesem Grund markiert der Gerichtsprozess zwischen Mensch und Erde am Ende des 15. Jahrhunderts einen wesentlichen Umschlagspunkt, einen Tipping Point. Dieser zeigt sich darin, dass Jupiter die Urteilssprechung an Fortuna weitergibt. Steht Jupiter noch für eine immer gültige und unumstößliche Weltordnung, wird diese in den Händen Fortunas abhängig vom Weltenlauf, von der Entwicklung der Geschichte. Der Prozess selbst, innerhalb dessen menschliches Tun gegenüber der Erde auf seine Rechtmäßigkeit hin befragt wird, indiziert, dass die Relation zwischen dem Handeln des Menschen und den Maßstäben der Beurteilung dieses Handelns auseinanderzuklaffen beginnt.

Und an einem solchen Tipping Point sind wir zu Beginn des 21. Jahrhunderts wieder angelangt: Der Mensch schreibt sich durch die Freisetzung fossiler Energien als Naturkraft in die Erdgeschichte ein. Er hat begonnen, unter anderem das Klima zu verändern, wobei der Klimawandel selbst nicht moralisch zu bewerten ist. Er ist nicht per se gut oder schlecht, doch werden durch ihn und andere anthropozän-induzierte Entwicklungen ganz offensichtlich lokale wie globale Ordnungsgefüge destabilisiert. Der Tipping Point besteht also nicht darin, dass der Meeresspiegel ansteigt oder dass die fossilen Ressourcen zu Ende gehen. Vielmehr besteht er darin, dass die Menschheit in den letzten drei Jahrhunderten Prozesse in Gang gesetzt hat, die zu Entwicklungen führen, für die uns keine Maßstäbe der Beurteilung mehr zur Verfügung stehen. Neue Maßstäbe für die Beurteilung eines Handelns zu finden, darin liegt die Aufgabe. Es ist eine forensische Aufgabe, das heißt, es geht nicht mehr nur darum, im Sinne eines naiven Begriffs von Wissensgesellschaft einfach weiteres Wissen zu akkumulieren. Zur Neubewertung unserer Situation bedarf es vielmehr einer sinnlich-ästhetischen Praxis, die die Urteilskraft in Bezug auf diese neuen Prozesse schärft. Das bedeutet zugleich, bestehende Zeichensysteme nicht einfach weiter anzuwenden, sondern in dieser sinnlich-ästhetischen Praxis neu zu entwickeln, da es wesentlich auch um eine Neugliederung der Welt geht. Es geht darum, ein Forum zu schaffen, in dem auf der Grundlage einer sinnlich-praktischen Auseinandersetzung mit diesen Prozessen Gesichtspunkte für ihre Bewertung erörtert werden. Es werden Foren benötigt, zu denen die Expert:innen, die bisher mit ihrer Definitionsmacht die Welt bestimmt haben, aber auch die Betroffenen eingeladen werden – seien es Menschen, die Klimakatastrophen ausgesetzt sind, oder Pflanzen und Tiere, deren Habitate verschwinden.[8] Dabei könnten nichtmenschliche Lebewesen und Lebensformen von Menschen vertreten werden, so wie die Götter im 15. Jahrhundert für die Erde vor Gericht einstanden.

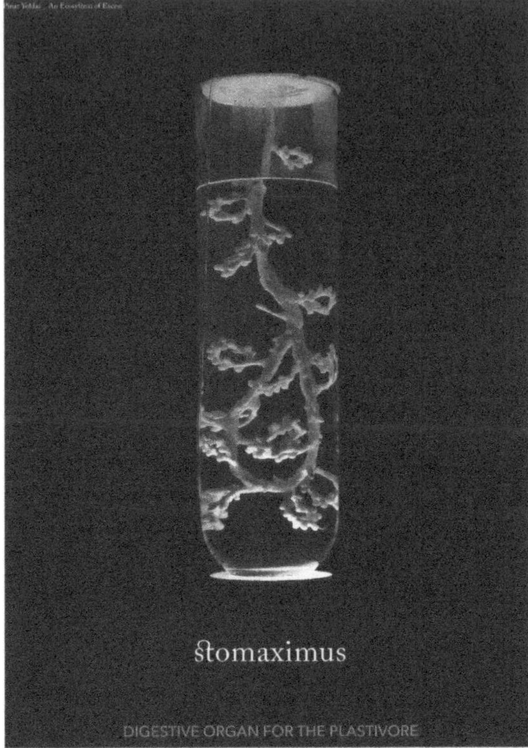
stomaximus
DIGESTIVE ORGAN FOR THE PLASTIVORE

Ovids Metamorphosen. Denkbilder des Anthropozäns

Während der Hurrikan-Saison 2017 stellte die Künstlerin Hito Steyerl in einer Lecture-Performance die Frage: »Where is ground control?« Ihre Antwort lautete: »Houston, Texas«. Houston, Texas, Anfang September 2017 war für sie ein Bild zum Verständnis einer grundlegenden Problematik, befindet sich dort doch das Mission Control Center der NASA, das die bemannte Raumfahrt koordiniert, wo die avanciertesten Technologien angesiedelt sind und einige der klügsten Köpfe der Welt sitzen. Gleichzeitig ist es das Zentrum der Erdölindustrie, deren fossile Energie das 20. Jahrhundert angetrieben hat. Und diese ganze technologische und wissenschaftlich hochgerüstete Welt wurde lahmgelegt durch einen Sturm, der in seinen Dimensionen mit großer Wahrscheinlichkeit von der Klimaerwärmung verursacht worden war, die auch eine Folge dieses in Houston repräsentierten Systems ist.

Bemerkenswert an dieser Passage der Lecture-Performance von Hito Steyerl ist weniger, dass sie eine zutreffende Beschreibung der Welt liefert, wie sie ist. Bemerkenswert ist vielmehr der Aufweis, dass die Zeichen, mit denen wir die Welt bisher zur Darstellung gebracht haben, der Welt, wie wir sie geschaffen haben, nicht mehr angemessen sind. Die Diskrepanz zwischen den Zeichenwelten, die wir benutzen, um die Welt zu verstehen, und der faktischen Welt ist so groß geworden, dass unsere Zeichenwelten geradezu wie eine Parodie wirken gegenüber der Realität, mit der wir konfrontiert sind. Mit der Frage nach »ground control« in Bezug auf ein vom Hurrikan lahmgelegtes Houston verwies Steyerl nun darauf, dass die Zeichenwelt einer Moderne, in der es darum geht, mittels Wissenschaft und Technologie die Welt zu vermessen und zu beschreiben, ferner zu kontrollieren und zu beherrschen, einem

Trugbild unterliegt, zumal diesem Trugbild ein anthropozäner Antagonismus zugrunde liegt: Genau diejenigen technologischen und begrifflichen Instrumentarien, die zur Kontrolle dieser Welt dienen sollten, haben zu Weltkonstruktionen geführt, die gerade außer Kontrolle geraten.

Um uns mit Mitteln der Sprache vor Augen zu führen, dass die Welt unseren sprachlichen Mitteln entglitten ist, machte Steyerl von einem semiotischen Verfahren Gebrauch: der Poiesis.[9] Während die naturwissenschaftliche Darstellung darauf abzielt, die Welt mittels begrifflich definierter Zeichen zu repräsentieren und damit ein Wissen über die Welt zum Ausdruck zu bringen, geht es bei der Poiesis um ein Können, eine praktische Kompetenz, bei der es nicht wie bei der Konstruktion eines Tisches oder Stuhles um die Herstellung von Gegenständen geht, sondern darum vorzuführen, wie Zeichen funktionieren. In diesem Sinne handelt es sich bei der Poiesis sowohl um ein sinnliches Verfahren wie um einen reflexiven Zeichengebrauch.

So wie ein Maler bei der Erstellung eines Landschaftsbildes mit Aquarellfarben nicht einfach eine Landschaft abbildet, sondern seine Kennerschaft von Aquarellfarben als Zeichensystem zum Ausdruck bringt, so nutzte Hito Steyerl in ihrer Lecture-Performance ihre Kenntnis von Sprache, um mittels Sprachzeichen die Dysfunktionalität einer bestimmten Sprachwelt vor Augen zu führen – einer Sprachwelt, die vorgibt, mittels rationaler Verfahren und Technologien die Welt kontrollieren zu können. Die Bezugnahme auf das jeweilige Zeichensystem – seien es Aquarellfarben, sei es ein rationales Symbolsystem, das in einer konkreten Zeichenhandlung vorgeführt wird – unterscheidet die Poiesis von der Mimesis, bei der es zwar auch um ein sinnliches Vorführen der Zeichenverwendung geht, aber der Bezug des Zeichens zum bezeichnenden Gegenstand infrage steht.

Wie an Hito Steyerls »Houston, Texas« zu sehen ist, wird im poietischen Verfahren mittels eines konkreten Zeichengegenstandes – Texte, Bilder etc. – die Funktionsweise eines ganzen Zeichensystems artikuliert, in diesem Falle die Denkstrukturen eines auf rationalen Verfahren gründenden Kontrollsystems. Damit steht auf der Zeichenebene ein sinnliches Verfahren zur Verfügung, das es erlaubt, den anthropozänen Skalierungsebenen von lokalen über regionalen bis hin zu planetarischen Dimensionen gerecht zu werden. Denn es ermöglicht, ausgehend von konkreten Zeichenkonstellationen, größere Bedeutungs- und Denkzusammenhänge zu artikulieren.

Die Passage aus Steyerls Performance präsentiert eine spezielle Form der poietischen Verwendung von Zeichengegenständen, nämlich die des »Denkbilds«. Den Begriff des Denkbilds hatte Theodor W. Adorno unter Verweis auf Walter Benjamins Stücke in dessen Buch *Einbahnstraße* geprägt. Denkbilder, so Adorno, wollen »Denken in Bewegung bringen, weil es in seiner begrifflichen Gestalt erstarrt, konventionell und veraltet dünkt.« Sie tun dies, indem sie »Spontanität und Energie des Gedankens anspornen und, ohne buchstäblich genommen zu werden, durch eine Art von intellektuellem Kurzschluß Funken entzünden, die jäh das Vertraute umbeleuchten, wenn nicht gar in Brand stecken.«[10]

Das wohl bekannteste Denkbild Walter Benjamins ist sein Text zu Paul Klees Bild *Angelus Novus*.[11] Dieses Denkbild ist auch im anthropozänen Kontext von größter Bedeutung, weil es dem linearen, in die Zukunft gerichteten Zeitbegriff der Moderne ein anderes Zeitdenken entgegenstellt: Im Gegensatz zur Vorstellung, dass die Zukunft vor uns und die Vergangenheit hinter uns liegt, verweist Benjamin darauf, dass in Klees Bild die Trümmer der Vergangenheit sich vor dem Engel auftürmen, während sich ein Sturm von hinten in seinen Flügeln verfängt und ihn in die Zukunft treibt. Klees Bild verdankt sich der Auseinandersetzung mit den Krisen und Kriegen der ersten Hälfte des 20. Jahrhunderts, in denen die Risse des Moderne-Projekts als Fortschrittsprojekt schon greifbar waren. Heute, da wir zu begreifen beginnen, wie die riesigen, zur Kontrolle und Beherrschung der Welt angelegten Infrastrukturen in immer stärkerem Maße unsere Zukunft bestimmen, eine Zukunft, die in der Vergangenheit hergestellt worden ist, ist es jedoch nicht minder aktuell.

Im Denkbild wird also die Poiesis benutzt, um einen begrifflichen, weniger einen sinnlich-praktischen Zeichenzusammenhang zu reorganisieren. Findet in der Herstellung von Begriffssystemen eine Distanzierung von der Welt statt, die es erlaubt, die Zeichen unabhängig von den bezeichneten Gegenständen zu verwenden, erweisen sich gerade in Krisensituationen die normierten Begriffssysteme als nicht hinreichend flexibel, um einer sich verändernden Welt gerecht zu werden. Die Poiesis und damit die Denkbilder bieten dann die Möglichkeit einer Neuaneignung durch eine Dynamisierung der Zeichenbeziehungen. Insofern ist das poietische Verfahren angesichts einer Welt, in der die bestehenden Darstellungsverfahren nicht mehr funktionieren, da die aufeinanderfolgenden Krisen die Risse in unseren Realitätskonstruktionen offenlegen, von geradezu existenzieller Bedeutung, eben weil es nicht einfach die bestehenden Zeichen verwendet, um damit eine Realität zugänglich zu machen, sondern die Logik und Strukturen unserer Weltherstellung mittels Zeichen selbst sinnlich vor Augen führt.

Im Hinblick auf unsere Rekonstruktion des poietischen Gebrauchs können wir nun sagen, dass Denkbilder die Erstarrungen von Begriffssystemen auflösen, nicht indem die Bedeutung des benutzten Zeichengegenstandes fest bestimmt wird, sondern indem dieser in eine dynamische Interaktion mit dem jeweiligen Zeichen- und Bedeutungssystem gebracht wird und damit zu einer prozesshaften Rekonstellation von Zeichen- wie auch Bedeutungszusammenhängen führt. Diese Rekonstellationen der Bedeutungsstrukturen sind es, die die scheinbar vertraute Welt sodann in einem anderen Licht erscheinen lassen, was, bezogen auf Steyerls »Houston, Texas«, heißt: Die Vorstellung, unsere Welt mittels rationaler Verfahren und Technologien komplett kontrollieren zu können, erscheint aus der Perspektive des Houston-Systems als ein gefährliches Trugbild.

Eine Reaktion auf die gegenwärtige Situation ist der Versuch, dem Moderneprojekt dadurch zu entkommen, dass man an prämoderne Formen einer mythischen Welt anknüpft. Dabei wird aus einer kritischen Haltung gegenüber einer durchrationalisierten Welt heraus mitunter aber sogleich jegliche Form von Vernunftprojekt der letzten dreitausend Jahre mit über Bord geworfen. Statt die mythische Welt als festen Bezugspunkt zu postulieren und sich damit jeglicher reflexiven Möglichkeiten zu berauben, sollte es vielmehr darum gehen, unterschiedliche Zeitschichten von Weltkonstruktionen auf ihre Relevanz für das Verständnis einer komplexen Gegenwart hin zu prüfen und in Anschlag zu bringen. Das heißt, der Mythos sollte dabei nicht als fester Bezugspunkt, sondern als ein Weltentwurf betrachtet werden, dessen Erfahrungs- und Denkwelt fortgeschrieben werden kann und der nicht wie in einem linearen Zeitmodell als Relikt zu behandeln ist.

Geradezu modellhaft für solch eine Zugangsweise stehen Ovids *Metamorphosen*. Es ist ein Werk, das kurz nach Beginn der christlichen Zeitrechnung entstand, das aber in seiner Form und Haltung von einer irritierenden Aktualität ist, weil es unter Verwendung des poietischen Verfahrens sowohl die reflexiven Denkformen griechischer Philosophie wie die Erfahrungsbestände der griechischen und vorderasiatischen Mythologien in seine Darstellung miteinbezieht und dabei Denkbilder schafft, mithilfe derer die Welt des Anthropozäns gelesen werden kann.

Dass es in diesem historischen Werk um Verschiebungen von Kategorien geht, die sich in der griechischen Philosophie herausgebildet hatten, darauf verweist bereits der Titel selbst: »Metamorphosen«. Waren diese Kategorien bei Platon noch im sinnlich-praktischen Verfahren der Dialoge in konkrete Handlungskontexte eingebettet, löste Aristoteles sie durch definitorische Verfahren aus den Handlungskontexten heraus. Die aristotelischen Definitionen erlaubten dabei die Distanzierung von der Handlungsebene, indem die Bedeutung der Zeichen nur noch durch ihren Bezug zu anderen Zeichen bestimmt wurde.[12] Ovid wiederum setzte an die Stelle der begrifflichen Bestimmung der Zeichen vermittels Definitionen nun aus Erzählungen bestehende Denkbilder: In ihnen ging es um eine Neuaneignung der Zeichen, die nicht mit festen Bedeutungen verbunden, sondern durch die narrativen Kontexte an die Erfahrungs- und Handlungsebenen rückgebunden wurden. Das heißt, an die Stelle erstarrter Begriffe trat in den *Metamorphosen* das sinnliche Verfahren ihrer permanenten Veränderung, was so weit ging, dass sich selbst Anorganisches in Organisches verwandeln konnte und umgekehrt. Der Mensch stand dabei nicht einer Welt gegenüber, die er mit Begriffen zu beschreiben wusste – er war vielmehr Teil einer Welt, die er in der Regel nie in Gänze begriff. In der Dramaturgie der Erzählungen zeigt sich dies oft durch einen Kippmoment: Eben schien der Protagonist noch alles unter Kontrolle zu haben, schon wird er zum Opfer seines eigenen Handelns. Der Leser wird dadurch gleichsam in eine Welt hineingezogen, in der er gezwungen ist, die Zeichen immer wieder neu zu lesen, sich ihnen nie einfach anzuvertrauen. Es ist eine instabile Welt, durch die er zu navigieren lernen muss. In diesem Sinne eröffnen Ovids *Metamorphosen* einen Zugang zu den Denkwelten des Anthropozäns, wie im Folgenden an zwei Beispielen vorgeführt werden soll:

Im achten Buch der *Metamorphosen* rekurriert Ovid auf die griechische Sage des Erysichthon.[13] Dieser dringt in den heiligen Hain der Göttin der Erde und des Korns, Demeter, ein. Sein Ziel ist es, Holz für einen großen Festsaal zu schlagen, in dem er Gelage für seine Freunde geben möchte. Erysichthon bricht dabei mit der Tradition seines Vaters, des Herrschers Triopas, der den Hain bisher als Heiligtum geachtet und dadurch das Wohlwollen der Göttin erworben hatte. Angesichts des Vorhabens des Sohnes aber, der sich auch durch die Ermahnungen der Demeter nicht stoppen lässt, schlägt die Zuneigung der Göttin in Zorn um. Sie ruft die Hunger-Göttin herbei. Diese flößt Erysichthon einen so unersättlichen Hunger ein, dass er schließlich seinen eigenen Körper aufzuzehren beginnt.

Für eine klassisch ökologische Position, wie sie etwa der Schweizer Ökonom Christoph Binswanger vertritt,[14] spiegelt dieses Denkbild Ovids das Grunddilemma unserer Zeit wider. Der Hain der

Demeter steht dabei für die letzten Naturressourcen, die für eine Regenerierung des Planeten überlebensnotwendig sind. Der Endlichkeit dieser als Heiligtum zu schützenden Ressourcen steht ein maßloses Wirtschaften gegenüber, dessen Hauptantriebskraft sich in der modernen Geldwirtschaft findet, die im 17. Jahrhundert einen folgenreichen Schritt vollzogen hatte: die Einführung des Papiergeldes. Der Wert des Geldes war nun nicht mehr an die endliche Menge eines Metalls wie Silber oder Gold gebunden, woraus die Münzen vorher geprägt worden waren. Vielmehr wurde er fortan definiert durch die auf ein praktisch wertloses Papier gedruckten Zahlen. Damit wurde die Grundlage für eine permanente Geldvermehrung geschaffen, die sodann zur Antriebskraft für die Ausbeutung einer endlichen Natur werden konnte.

Bei dem zweiten Beispiel handelt es sich um die Geschichte des Künstlers Pygmalion.[15] Pygmalion hasst aufgrund schlechter Erfahrungen Frauen und hält sich von ihnen fern. Eines Tages finden wir ihn zutiefst irritiert in seinem Atelier vor. Es ist ihm gelungen, aus Elfenbein eine so schöne Frauenstatue zu formen, dass er sich in diese verliebt. Er bittet daraufhin Venus, ihm eine Frau zu schenken, die die Anmut dieser Statue habe. Als er nach Hause zurückkehrt und sich der Statue nähert, wendet diese sich ihm langsam zu. Das Elfenbein erwacht zum Leben.

Zunächst ist es interessant, wie dieses Denkbild im 18. Jahrhundert von Diderot in einer atomistischen Theorie begrifflich um- und festgeschrieben wurde:[16] Man zermahle den Stein der Statue zu Pulver und vermische dieses dann mit Humus und Erde. Anschließend pflanze man Gemüse auf dieser Erde. Dieses solle dann vom Menschen gegessen werden. Durch diesen Prozess werde die unbelebte Statue letztlich Schritt für Schritt in Leben verwandelt.

Entstehen die konkreten Bedeutungen der Zeichen in den *Metamorphosen* im Verlauf der Geschichte, durchläuft der Leser in Diderots Argumentation keineswegs mehr die Irritationen Pygmalions. Auch ist er nicht mit dessen Leidenschaften konfrontiert, und es wird nicht mehr von ihm gefordert, dass er durch die Geschichte navigiert, sich überraschen lässt und neu orientiert. Stattdessen erklärt ihm die atomistische Theorie Diderots, wie die Transformation des Anorganischen in das Organische stattfindet. Die Bedeutungen stehen bei der Erklärung Diderots schon fest, und es wird nur noch von ihnen Gebrauch gemacht.

Aber auch ohne auf feststehende Bedeutungen zu beharren, haben Wissenschaftler:innen und Künstler:innen über die Jahrhunderte hinweg immer wieder an die *Metamorphosen* von Ovid angeknüpft. Wie eine solche Bezugnahme im konkreten Kontext der heutigen Anthropozändiskussion aussehen kann, führt die Künstlerin Pinar Yoldas mit ihrem Projekt »An Ecosystem of Excess« vor. Ausgangspunkt für Yoldas' Projekt ist die Ursuppentheorie, der zufolge vor vier Milliarden Jahren das Leben auf der Erde in den Ozeanen seinen Anfang nahm, indem das anorganische Material in organische Moleküle verwandelt wurde. Demgegenüber finden wir heute eine Situation vor, in der der von Menschen erzeugte Plastikmüll in Form ganzer Kontinente auf den Meeren treibt, sodass sich für Yoldas die Frage ergibt: Welches Leben könnte aus diesen von Menschen geschaffenen Plastiksuppen entstehen, wenn das Meer erneut zu dem Ort würde, an dem aus anorganischen Stoffen Leben entstünde? Ihre Antwort verweist auf ein nachmenschliches Ökosystem: Zunächst dient das Meer als Müllhalde für die Zivilisationsreste der Menschen, dann aber wird es zum Akteur, aus dem Neues entsteht, dem sich der Mensch ausgesetzt sieht. Es schafft Organismen, in denen sich organisches und anorganisches Material vollkommen mischt. Es entsteht neues Leben, das sich in Figuren artikuliert, die schön und faszinierend, aber auch irritierend und verstörend sind. Es handelt sich um Monster, die eine imaginierte Entwicklung vor Augen führen (»demonstrare«), in der sich die Menschen nicht um die von ihnen geschaffenen Geschöpfe kümmern.[17]

Dieses zweite Denkbild unterscheidet sich grundsätzlich vom ersten. Im ersten Denkbild, der Demetergeschichte, gibt es eine eindeutige Trennung zwischen Mensch und Natur. Der Mensch steht einer Welt gegenüber, die klar gegliedert ist. Um die Endlichkeit der natürlichen Ressourcen wissend, gilt es für ihn, eine geeignete Ethik zu entwickeln, aus der heraus Maximen für das Handeln abgeleitet werden können. Diese Verantwortungsethik warnt uns davor, die letzten Ressourcen der Erde auszubeuten und damit unsere Lebensgrundlage zu zerstören.

Aus der Perspektive des zweiten Denkbildes, dem Pygmalion/Yoldas-Modell, ist der Ressourcenbegriff des ersten Bildes obsolet.[18] Hier ist der Mensch Teil einer Welt, die durch Stoffwechselprozesse gekennzeichnet ist. Er ist nur ein Akteur unter vielen Akteur:innen, die diese Prozesse beeinflussen. Deshalb steht ihm diese Welt auch nicht als eine gegliederte zur Verfügung. Es gibt keine fixe Ontologie, aufgrund derer normative Regeln zu entwickeln wären. Wie die Welt ist und wie wir uns in ihr verhalten sollen, also die epistemologischen und die normativen Fragen, sind zwei Aspekte desselben Aushandlungs- und Erfahrungsprozesses, in dem sowohl die Akteur:innen wie die Objekte konstituiert werden. Akteursanteile und Objektanteile lassen sich, wie das Yoldas-Beispiel zeigt, somit immer nur für eine Situation bestimmen.

Wie sich gezeigt hat, erweisen sich Denkbilder als geeignete Darstellungsverfahren, um sich anthropozäne Denk- und Handlungsmuster zu erschließen, ist doch die anthropozäne Welt mit der Herausforderung konfrontiert, dass die Begriffssysteme, die sich in den wissenschaftlichen Disziplinen der letzten zweihundert Jahre herausgebildet haben, den dynamisierten Welten des Anthropozäns nicht mehr gerecht werden. Demgegenüber erlaubt es das Verfahren der Denkbilder, sich in dieser Situation sowohl historische Zeichenbildungen neu anzueignen, als auch einen ersten Zugang zu komplexen Phänomenen der Gegenwart zu eröffnen, die die etablierten Kategorien überschreiten.

DIE MATHEMATISIERUNG DER WELT

Mathematik und Monster.
Die Schaffung eigener Zeichenwelten

Wie konnte es zur anthropozänen Welt kommen? Erste Bausteine zur Beantwortung dieser Frage führen uns in die Welt des Zweistromlandes zur Zeit des Turmbaus zu Babel. Es ist die Geschichte der Zivilisation, oder besser der Zivilisationen, die in den Denkbildern der Bibel mit der Vertreibung aus dem Paradies begonnen hat und innerhalb derer der babylonische Turm einen wichtigen Punkt in der Entwicklung markiert. Denn es ist zu dieser Zeit, dass Menschen anfingen, Strategien zu entwickeln, um Handlungen zwischen sozialen Einheiten zu koordinieren, die die Überlebensstrategien der Sammler und Jäger grundlegend verändern sollten. Die neuen Formen der Kooperation führten zu einer zuvor nicht gekannten Konzentration an Macht, die – so die Geschichte der Genesis – in den Menschen den Wunsch, ja die Begierde aufkeimen ließ, eine Stadt zu bauen und darin einen Turm, der in den Himmel ragt.

Zentral in dieser Situation ist jedoch die Reaktion Gottes: Er sieht in der Erbauung des Turms den Versuch der Menschen, so allmächtig zu werden, wie er selbst es ist. Um dies zu verhindern, zerstreut er die Menschen auf der ganzen Erde und zerstört die Einheit der Sprache, indem er sie durch eine Vielfalt ersetzt.

In diesem Sinne ist die biblische Geschichte von Babel eine Geschichte über die Herstellung von Einheit und ihrer Zerstörung durch Gott. *Die Stabilität der einen Welt macht der Instabilität der verschiedenen Welten Platz.* An die Stelle der Einheit tritt eine Vielfalt von Gruppen, Gemeinschaften und Gesellschaften. Es gibt nicht mehr nur die eine Weltsicht, sondern viele. Die Erfahrung der Einheit wird ersetzt durch die Erfahrung von etwas, das außerhalb liegt, etwas, das von dem Einzelnen und seiner sozialen Einheit nicht mehr kontrolliert werden kann, mit dem sie aber immer wieder konfrontiert werden.

Es ist dies die Erfahrung einer Welt zwischen 4000 und 600 vor Christus, die sich vom Mittelmeer über Mesopotamien bis hin zum Industal auf dem indischen Subkontinent erstreckt und von dort bis zum Kaukasus im Norden reicht. Es ist eine Welt von Stadtstaaten, die miteinander Handel treiben und jeweils mit einem Hinterland verbunden sind, das die notwendigen Ressourcen wie Metalle und Mineralien zur Verfügung stellt. Eine Welt, in der die Macht im Zentrum dieser Stadtstaaten konzentriert ist, aber in der die größeren Räume, vor allem das Hinterland, sich dieser Kontrolle entziehen und damit eine permanente Instabilität erzeugen.

Wie verhalten sich Menschen in einer solchen Welt, in der die Grenzen unsicher sind, in der eine konstante Bedrohung von außen herrscht? Sie kreieren sich eine Welt aus kontrafaktischen Bildern, die jene Geister repräsentieren, die sie nicht kontrollieren können beziehungsweise die sie schützen sollen.[19] Sie produzieren eine eigene Zeichenwelt aus Bildern, die Wesen repräsentieren, die in der wirklichen Welt so nicht vorkommen. Es sind Bilder, deren Teile aus verschiedenen Kategorien zusammengesetzt sind, Mensch- und Tierwesen. Bei diesen Mischwesen handelt es sich um Monster.

So finden sich zum Beispiel auf einer Terrakotta-Tafel aus Assur im Norden des Iraks solche Wesen – Schutzgeister aus dem ersten Jahrtausend vor Christus.[20] Teilweise dienten ganze Armeen von Monsterfiguren als Schutz des Hauses vor äußeren Eindringlingen, zu denen auch epidemische Krankheiten gehörten. Diese Monster konnten sich auch über weite Räume verbreiten, wie die Darstellung einer unheilvollen Imashtu-Figur, die Versinnbildlichung eines kinderfressenden Dämons, die über Land und Meer bis an die Grenzen der damals bekannten Welt reiste, zeigt.[21] In späteren Zeiten wurden die Monsterbilder als Geschenke zwischen Stadtstaaten ausgetauscht, um den Austausch und Handel zwischen den Städten zu stabilisieren. Als Repräsentationen der Gegenwelt dienten sie aber auch dazu, mögliche Konflikte der realen Welt in eine Zwischenwelt zu verlagern und somit verhandelbar zu machen.[22]

Da die ganze Bildwelt der Mischwesen dazu diente, mit der Außenwelt zu verhandeln und sie teilweise auch zu kontrollieren – sei die Außenwelt spirituell oder physisch erfahrbar, sei sie lokal oder translokal –, war ihre Herstellung unmittelbar mit der existierenden Macht verbunden. Es war eine symbolische Macht, die die Stadtstaaten über einen komplexen kulturellen Apparat organisierten.[23] Dieser kulturelle Apparat verwahrte das Geheimwissen sowie die exotischen und magischen Materialien, wobei genaue Beschreibungen von rituellen Praktiken existierten, bei denen Monster hergestellt wurden, verbunden mit der Nennung der Materialien und Werkzeuge. In vielen Fällen wurden die Materialien, etwa wertvolle Steine, aus dem Hinterland importiert und dann mit Silber- und Goldwerkzeugen bearbeitet.

War es also die Hauptaufgabe des kulturellen Apparates, das Wissen über die Gegenwelt der Monster bereitzustellen und zu kontrollieren, bestand die Aufgabe dieser Mischwesen darin, die Grenzziehungen in einer Welt lose verbundener Stadtstaaten und unkontrollierbarer Zwischen- und Hinterräume verhandelbar zu machen, die von tiefen Transformationsprozessen und damit einhergehenden Konflikten geprägt war. Die Monster agierten in dieser Welt als Denkbilder, die es erlaubten, flexibel mit einer für die Zeit kategorial komplexen Situation umzugehen.

Parallel zur kontrafaktischen Welt der Monster entwickelte sich eine andere Zeichenwelt – gemeint ist die *Schrift* und mit ihr die Welt der Zahlen und der *Mathematik*. Als sich nämlich gegen Ende des vierten Jahrtausends in Mesopotamien die großen Stadtkulturen zu entwickeln begannen, wurden die organisatorischen und administrativen Leistungen immer anspruchsvoller. Gesellschaftliche Prozesse mussten koordiniert, Güter verteilt werden. In diesem Kontext entwickelten sich die ersten komplexeren Zeichensysteme.

Eine nicht ganz unbedeutende Rolle spielte dabei die Bierproduktion, wie uns durch einschlägige Tontafeln überliefert ist, die heute noch in der Erlenmeyer-Sammlung in Berlin besichtigt werden können.[24] Auf einer dieser Tafeln sind die Berechnungen eines Verwaltungsleiters mit dem Namen Kuschim eingetragen. Es geht dabei um die Berechnungen der erforderlichen Zutaten für neun verschiedene Getreideprodukte und acht Biersorten. Insgesamt war Kuschim zu diesem Zeitpunkt für rund 135 000 Liter Gerste verantwortlich.[25] Dies macht deutlich, welche Überschüsse von der Stadtgesellschaft produziert wurden und welche administrativen und organisatorischen Leistungen erforderlich waren, um diese in einer adäquaten Weise zu verwalten.

Bei den Eintragungen auf den Tafeln handelt es sich um tabellarische Auflistungen. Es wurden dabei fünf verschiedene numerische Systeme verwendet, je nachdem, ob von Getreideprodukten, Biergefäßen oder von Getreide als solchem die Rede ist. Das heißt, für die Mengenangaben wurden noch keine Zahlen benutzt, die unabhängig von den konkreten Kontexten verwendet werden konnten. Die eingesetzten Zeichen erhielten ihre Bedeutung nur im Kontext des konkreten Verwaltungsakts. Unabhängig davon konnten keine sinnvollen Operationen im Sinne von Rechnungen mit abstrakten Zahlen durchgeführt werden.[26]

Eine erste Loslösung von Zeichen für Mengen fand durch die Einführung von Zählsteinen statt.[27] Diese wurden notwendig, als die Verwaltungsverfahren und damit auch die Berechnungen in den wachsenden Städten ein noch komplexeres Maß erreichten. So übernahmen die Zählsteine, neben den Siegeln, die die Zuordnung der Waren – beispielsweise als Eigentum – in einem immer stärker geregelten und normierten Rechts- und Verwaltungssystem bestimmten, die Rolle von Platzhaltern für Quantitäten. Der Vorteil der Zählsteine gegenüber vorhergehenden Formen von Mengenangaben bestand darin, dass man nun auch unabhängig von konkreten Kontexten mit ihnen hantieren und operieren konnte. Damit wurde die Möglichkeit eröffnet, das Zählen selbst zum Gegenstand weiterer Überlegungen zu machen, etwa indem man zehn Zeichen einer Sorte durch ein eigenes Zählzeichen ersetzte.

Durch die Möglichkeit der Abstraktion von konkreten, materiellen Zeichen beim Umgang mit Mengen wurde somit die Grundlage für die Arithmetik gelegt, deren Gegenstände Zahlen sind, das heißt Zeichenobjekte, die invariant im Hinblick auf Zählgleichheit benutzt werden können – es kann sich dabei um Striche, Nullen oder andere Zeichen handeln, entscheidend ist ihre Anzahl, die praktisch immer durch konkretes Zählen überprüft werden kann.

Waren die Monster ein Zeichensystem, um Grenzen zu verhandeln, dienten die Zahlen zur quantitativen Erschließung der Welt. Allerdings handelte es sich dabei nur um einen praktischen Umgang mit Einheiten und Vielheiten, mit einem Zählen und Rechnen, das in konkreten Kontexten erlernt wurde, um es anschließend auch in anderen anzuwenden. Und Gleiches galt auch für Messungen, das heißt für den Umgang mit Seiten, Kanten und Ecken beim Bau von Häusern und Tempelanlagen. Während es für die Babylonier:innen nämlich notwendig erschien, bei einem rechtwinkligen Dreieck das Hypotenusenquadrat aus der Summe der Quadrate über den beiden Katheten zu berechnen, war es für die Ägypter:innen wichtig, den Inhalt einer Stumpfpyramide anhand der quadratischen Grundfläche bestimmen zu können.[28] Die Bauleute Ägyptens und Babylons erlernten diese für sie bedeutsamen Regeln und konnten sie wie Rezepturen anwenden. Allerdings vermochten sie noch nicht zu begründen, warum diese Regeln immer funktionierten. Sie verfügten zwar über praktische Kenntnisse von Arithmetik und Geometrie, nicht aber über eine Theorie – eine solche Theorie der Geometrie wurde erst von Thales und Pythagoras entwickelt und von Euklid schließlich in einem klassischen Lehrbuch zusammengefasst.[29]

Nehmen wir, um uns dieser Theorie zu nähern, das Beispiel der Kugel. Wie muss eine Kugel beschaffen sein, damit sie »optimal« rollt? Sie muss, das lässt sich bereits aus der Alltagserfahrung ableiten, gleichmäßig rund sein. Um diese Gleichmäßigkeit als »Ideal« zu erreichen, müssen, theoretisch gesprochen, alle Punkte hinsichtlich ihrer Entfernung vom Mittelpunkt der Kugel ununterscheidbar sein. Das heißt, alle Aussagen, die für einen Punkt auf der Kugeloberfläche wahr sind, müssen auch wahr sein für jeden anderen Punkt.[30] In der Realität wird man solch eine Homogenität nie vollständig erreichen, sondern sich ihr nur annähern können, was bedeutet, dass sich in der Praxis nur eine Approximation an das »Ideal« herstellen lässt.

Der Übergang von den realen Gegenständen zu den Gegenständen, die Platon als ideal bezeichnet hat, wird als *Ideation* bezeichnet.[31] Sie unterscheidet sich von der Abstraktion dadurch, dass von den sinnlichen Eigenschaften der Objekte gerade nicht abstrahiert wird, sondern dass diese als Verfahrensbestandteil erhalten bleiben. Es sind nun diese idealen Gegenstände, über die die geometrische Theorie Euklids Aussagen trifft.

So lautet etwa das siebte Axiom bei Euklid, das Kongruenzaxiom: »Was einander deckt, ist einander gleich.«[32] Da zwei Figuren in der Realität nie im strengen Sinne deckungsgleich sein können, sondern stets nur annäherungsweise, müssen, um im Sinne des Axioms über die Deckungsgleichheit zu sprechen, Homogenitätsforderungen erfüllt sein. Das heißt, es müssen über das Verfahren der Ideation ideale Gegenstände erzeugt werden.

Weitere elementar-geometrische Sätze lauten:

1. Der Kreis wird durch jeden seiner Durchmesser halbiert.
2. Die Scheitelwinkel sich schneidender Geraden sind gleich.
3. Die Basiswinkel im gleichschenkligen Dreieck sind gleich.
4. Zwei Dreiecke, die in einer Seite und den anliegenden Winkeln übereinstimmen, stimmen in allen Stücken überein.
5. Der Peripheriewinkel im Halbkreis ist ein rechter.[33]

Diese Sätze sind Sätze über die Eigenschaften der idealen geometrischen Gegenstände. Die Griechen haben daraus eine axiomatische Theorie entwickelt, die sich in den Schriften von Euklid findet. Diese Theorie ist so gestaltet, dass aus Anfangssätzen, den Axiomen, sich alle Aussagen der Theorie logisch ableiten lassen. Damit ist ein Wissen gewonnen, das unabhängig von der Realität logisch begründbar ist. Es ist ein Wissen, das als Maßstab für die Erfahrung dient. Deshalb sind die Sätze der euklidischen Geometrie auch nicht durch Erfahrung falsifizierbar oder verifizierbar – der Hinweis darauf, dass im Falle eines konkreten Kreises einer seiner Durchmesser diesen nicht ganz halbiert, führt nicht zur Widerlegung der Theorie. Vielmehr wird man überprüfen, was an der Zeichnung unzureichend ist, in welcher Weise sie nicht die idealen Kreiseigenschaften präzise wiedergibt. Die axiomatische Theorie der Geometrie stellt somit einen Ordnungszusammenhang im Hinblick auf Gegenstände wie Kreise, Winkel und Flächen her, an dem Erfahrung gemessen werden kann. Was ein Kreis ist, sagt somit die Theorie und nicht die Erfahrung.

Die axiomatische Theorie hatte zwar, wie gezeigt, eine sinnliche Praxis als Ausgangspunkt, schließlich waren es praktische Probleme, die dazu motivierten, sich theoretische, also ideale Gegenstände vorzustellen, ihre Eigenschaften zu beschreiben und ein ganzes Begründungssystem zu etablieren. Einmal erzeugt, repräsentierten die Zeichen der Theorie aber nicht mehr eine reale Welt, sondern Vorstellungen, das heißt, sie repräsentierten »Als-ob«-Prozesse, die als Maßstäbe dazu dienten, die realen Prozesse zu beurteilen: Das Regelwissen, das es erlaubt, Häuser und Pyramiden zu bauen, wurde durch ein Satzwissen ersetzt, das es erlaubt, den Satz des Pythagoras zu beweisen. Damit wurde in der Mathematik eine eigene, kontrafaktische Zeichenwelt geschaffen, die zwar anderen Logiken unterliegt als die Zeichenwelt der Monster, die aber auch dazu diente, Probleme der realen Welt zu verhandeln. Nicht um die Verhandlung der Grenzen zwischen Gegenständen, sondern um die Bereitstellung räumlicher Ordnungssysteme ging es im Falle der Geometrie.

Die Denkweise, die in der euklidischen Geometrie entwickelt wurde, wurde durch römische und arabische Traditionen vermittelt, im 17. Jahrhundert von Kepler, Galilei und Newton aufgegriffen und von ihnen konsequent weiterentwickelt. Dabei ging es beispielsweise Kepler vor allem darum, unter Einbeziehung der Beobachtungen Tycho Brahes ein mathematisches Modell des Universums zu entwickeln, das gleichermaßen exakt wie einfach ist. Mit dem Anspruch, mithilfe mathematischer Sätze eindeutige Aussagen über die Realität zu erringen, sprengte er so das klassische Verständnis von Naturphilosophie, der seine Arbeit von den Zeitgenossen zugeordnet worden war.[34]

Methodisch tiefgehender und richtungsweisender für die spätere Entwicklung war jedoch die Ausarbeitung einer neuen Form von Kinematik durch Galilei, in deren Zentrum die Idee der Bewegung stand. Während er dabei die euklidische Geometrie um eine Chronometrie erweiterte, bediente er sich zugleich des Verfahrens der Bestimmung und des Gebrauchs idealer Gegenstände, wie sie die griechische Mathematik entwickelt hatte. So unterschied Galilei etwa bei der Bewegung einer Kugel drei Ebenen:

a) die reale Bewegung einer Kugel im Alltagskontext
b) die Bewegung einer Kugel im experimentellen Kontext
c) die ideale Bewegung der Kugel[35]

Bei der Bewegung im Alltagskontext wirken die verschiedensten Faktoren auf die Bewegung der Kugel ein, etwa die Oberflächenbeschaffenheit des Bodens, der Luftwiderstand und andere klimatische Bedingungen. Diese äußeren Einflüsse behindern nach Galilei eine ideale Bewegung der Kugel. Um eine solche zu ermöglichen, gilt es deshalb, eine Experimentalsituation zu schaffen, die möglichst viele dieser Faktoren ausschließt. Wie beim Verfahren der Ideation, das der Herstellung idealer geometrischer Gegenstände dient, wird man sich aber auch in diesen experimentellen Situationen dem Ideal nur annähern können. Eine reale Fläche wird nie völlig reibungsfrei sein.

Anhand solch einer Annäherung an eine ideale Situation gewann Galilei die Erkenntnis, dass ein Körper in der idealen Wirklichkeit seine Bewegung permanent beibehält, gleichzeitig aber mehreren

Bewegungen unterworfen sein kann. Zugleich stellte er fest, dass die Fallgeschwindigkeit proportional zur Fallzeit ist, was besagt, dass die Geschwindigkeit einer in Bewegung versetzten Kugel im leeren Raum immer weiter zunehmen würde. Er nutzte diese Einsicht, um zum Beispiel die Flugbahn von Kanonenkugeln zu bestimmen. Dabei ist die Kugel sowohl einer horizontalen wie einer vertikalen Bewegung unterworfen, sodass sich als Flugbahn eine Parabel ergibt. Dadurch lässt sich mathematisch genau der Winkel berechnen, der notwendig ist, um ein Ziel in einer bestimmten Entfernung zu treffen.[36]

Galilei gelang es so, ein mathematisches Modell der Bewegung zu entwickeln. Zwar können die von Galilei definierten Gesetze – wie im Falle der axiomatischen Geometrie – nicht durch die Realität verifiziert oder falsifiziert werden. Sie stellen jedoch Denkmodelle dar, die als Maßstäbe für die Beurteilung der Erfahrung dienen.

Die Mathematik auf der einen Seite mit ihren Zeichengegenständen, die in einer klassischen Terminologie wahlweise als ideale oder auch als geistige Gegenstände bezeichnet werden können, und das Verfahren der Monsterbildung auf der anderen Seite, bei dem Zeichengegenstände in Teile zerlegt und neu zusammengesetzt wurden, stellten die Methoden zur Verfügung, die seit dem 16. und 17. Jahrhundert zur Herstellung einer neuen Welt führten. Beide Verfahren erlaubten nämlich Operationen innerhalb der Welt der Zeichen, die losgelöst ist von der realen Welt. Der Übergang von der Frühzeit des Neolithikums zur griechischen Antike erweist sich damit als die Werkstatt, in der die Instrumente neu zu schaffender Welten entwickelt wurden.

Geometrie. Die Vermessung von Mensch und Welt

Die Art und Weise, wie Europa die Welt betrachtete, bestimmte sein Verhältnis zum Rest der Welt über mehrere Jahrhunderte. Ihren Ausgang nahm diese Entwicklung im 14. und 15. Jahrhundert durch die Entdeckung der Zentralperspektive als einem bildgebenden Zeichenverfahren.[37] Wie aber war es möglich, dass diese neue Bildkultur zu einer Leitkultur der Erschließung der Welt werden konnte?

Mit der Zentralperspektive betrat eine Kulturtechnik die Weltbühne, die den Blick eines idealen Betrachters im Bild repräsentierte und gleichzeitig die Perspektive, aus der die Welt zu sehen ist, auf eine einzige reduzierte. Den Betrachter:innen tritt demnach eine Welt gegenüber, die durch die Zentralperspektive als Raum erschlossen ist. Dieser Raum verweist nicht mehr auf einen externen Betrachter, also auf das Auge Gottes, sondern erstreckt sich zwischen dem Auge des profanen Betrachters und dem Horizont, an dem der Fluchtpunkt angesiedelt ist. Mit dem Fluchtpunkt wird der Raum vor dem Betrachter aufgespannt. Dafür bot sich die Darstellung von Architektur als ideales Experimentierfeld an, wie an dem berühmten Stadtpanorama von Urbino aus dem Jahr 1470 in der Gemäldegalerie der Staatlichen Museen in Berlin studiert werden kann. Der gestaltete Raum wird in den Blick gerückt. Er wird vor den Augen des Betrachters ausgebreitet, während Figuren in dieser Architektur nicht selten als bloße Staffage auftreten.

Der Verweis auf die Architektur hat aber noch einen tieferen Grund. Das mathematisch-geometrische Verfahren der Projektion erzeugt auf dem zweidimensionalen Bild eine dreidimensionale Struktur, das heißt, hier wird eine Welt konstruiert beziehungsweise gebaut, wobei den Künstler:innen die Rolle der Architekt:innen beziehungsweise Bauherr:innen ebendieser Welt zukommt. Und allein diese tritt aufgrund der Zentralperspektive den Betrachter:innen gegenüber.

Die Bedeutung dieser Entwicklung in der Renaissance wird offenkundig, wenn sie zum Beispiel mit der chinesischen Bildauffassung verglichen wird: Die chinesische Bildtradition kennt keine Zentralperspektive. Darum bewegt sich der Blick des Betrachters im Bild, nimmt also verschiedene Perspektiven ein, ohne dass einer davon der Vorrang gegeben wird und ohne dass die Sicht auf die dargestellte Welt im Bild vorgegeben wäre. Er nimmt die Bildwelt wahr, indem er sich in ihr bewegt. Die visuelle Erfahrung ist an eine Bewegung geknüpft, nicht an eine fixierte Architektur.

Mit der Repräsentation des Blicks vermittels der Zentralperspektive im Bild definierte die europäische Malerei auch ihr Verständnis von Wahrnehmung. Wahrnehmung war dabei nicht ein Prozess, in welchem dem Subjekt wie in der chinesischen Bildtradition beim Durchwandern des Bildes etwas widerfahren konnte. Der über geometrische Verfahren konstruierte Blick war vielmehr ausschließlich aktiv gedacht, da den Betrachter:innen in der europäischen Tradition über Darstellungsverfahren beziehungsweise Bildtechniken wesentlich eine Akteursrolle zuteil wurde, aus der heraus die Welt betrachtet, geordnet und erschlossen werden konnte, ohne dass der eigene feste Platz verlassen werden musste. Und dieses durch die Zentralperspektive definierte Bildverständnis wurde in den folgenden Jahrhunderten sowohl im Hinblick auf die Erschließung anderer Kulturen und Gesellschaften wie im Hinblick auf diejenige der Natur zum Grundmodell des europäischen Weltverständnisses. Seine Grundlage bildete die Geometrie in Verbindung mit einem Verständnis von Wahrnehmung, in dem der Mensch ausschließlich Akteur ist.

Konstruierte die Zentralperspektive die eine Welt für die europäischen Betrachter:innen in der Horizontalen, so wurde im 17. und 18. Jahrhundert ein Zeichenverfahren entwickelt und auch verwirklicht, das es ermöglichte, die Einheit der Welt aus der vertikalen

Perspektive wahrzunehmen – ganz ohne dass der Mensch je in einen Flugkörper steigen musste: die Kartografie, also die Vermessung der Erde und ihre Repräsentation in Karte und Globus.

Die moderne Landvermessung begann zunächst im Frankreich des 17. Jahrhunderts. Zuvor gab es zwar auch schon Karten, diese aber erzählten eher interessante Geschichten, als präzise geografische Orientierung zu liefern, wie Jonathan Swift es in einem kurzen Gedicht auf den Punkt brachte:

> Seht doch nur der Geographen Fabelbilder,
> beleben Afrika mit wüstem Kriegstanz Wilder,
> lassen über seine leeren Weiten,
> mangels Städten Elefanten schreiten.[38]

Die Vermessung Frankreichs gestaltete sich als ein Großunternehmen, das im Jahre 1669 von dem Astronomen Giovanni Domenico Cassini begonnen wurde und erst 1793 mit der Vorlage der ersten topografischen Karte Frankreichs ein vorläufiges Ende fand. Mit der Karte verschaffte sich der durch die Aufklärung geprägte Staat ein Instrument, das es ihm erlaubte, den vorhandenen Raum in ein Staatsterritorium zu transformieren, das mittels einer rationalen Verwaltung erschlossen werden konnte. Die Karte definierte in diesem Sinne erst, was Frankreich als Territorialstaat war.

Das entscheidende Verfahren bei der Vermessung besteht in der Triangulation. Diese beruht darauf, dass man Dreiecke durch Erhebungen in der Landschaft konstruiert. Kennt man alle Winkel des Dreiecks und eine Seitenlänge, lassen sich die anderen Seiten bestimmen. In einem ersten Schritt wird durch dieses Verfahren eine Vielzahl von Dreiecken an der Erdoberfläche erzeugt, die jeweils konkrete Beobachtungspositionen als Bezugspunkt haben. Da die Erdoberfläche aber gekrümmt und nicht eben ist, müssen diese Beobachtungspositionen in einem Abstraktionsverfahren auf eine Ebene projiziert werden. Dadurch lassen sich dann Entfernungen zwischen Orten in einer zweidimensionalen Karte abbilden.

Neben diesen konkreten Messverfahren wird die Erde in Längen- und Breitengrade eingeteilt. Dabei werden zunächst die Breitengrade festgelegt, die sich am Äquator orientieren, der wiederum durch die Äquidistanz zu den Polen definiert ist. Die Längengrade müssen dagegen aufwendiger durch die Orientierung an den Jupitermonden oder mithilfe des Chronometers von John Harrison bestimmt werden.[39] Mittels der Längen- und Breitengrade wird schließlich eine Rasterdarstellung der Erdoberfläche erzeugt. Diese Rasterung erlaubt es, unter Einbeziehung der konkreten Messungen die Position jedes Erdenpunkts genau in einer Karte zu bestimmen – das heißt, auf die Vermessung folgt die Abstraktion von den konkreten Messhandlungen, um dann konkrete Orte als Punkte in einem Raster zu definieren.

Diente das Verfahren im Falle Frankreichs noch dazu, den konkreten Raum in ein abstraktes Bild zu überführen, so diente es im Falle der USA schon dazu, Realität selbst zu gestalten, wie sich an der Jefferson-Hartley-Karte verdeutlichen lässt. Diese geht zurück auf eine Zeichnung von Thomas Jefferson, die dieser 1783 während eines Paris-Aufenthalts erstellte.[40] Das scheinbar leere Gebiet wurde darauf nach den Verfahren der Rasterung aufgeteilt: Es erfolgte eine Geometrisierung des Raums, die die Existenz der dort lebenden Ureinwohner:innen ausblendete und komplett von den vorhandenen Lebens- und Erfahrungsräumen absah. Das Zeichensystem übernahm die Realitätskonstruktion, woraus wieder das Zusammenspiel von Mathematik und einem einseitigen, nur die Akteursrolle betonenden Wahrnehmungsvorgang offensichtlich wird: Eine Auseinandersetzung mit der Perspektive der lokalen Bevölkerung, die der eigenen Wahrnehmung andere Formen der Erfahrung ihres Landes entgegengesetzt hätte, war nicht vorgesehen. Ja, es war aufgrund der seriellen Implikation des geometrischen Modells nicht einmal notwendig, sich selbst in alle kartografisch erschlossenen Bereiche zu begeben. Die Geometrisierung erlaubte es vielmehr, über den unmittelbaren Erfahrungsraum des Einzelnen wie auch lokaler Gemeinschaften hinweg, sich das Territorium der USA anzueignen. So entstanden die USA als Territorialstaat.

Das nächste Großprojekt war die kartografische Erfassung des indischen Subkontinents zwischen 1765 und 1845 durch die Brit:innen. Lange Zeit war den Brit:innen und den Europäer:innen nur die Küste Indiens bekannt. Mit der Vermessung des gesamten Subkontinents wurde ein Raum erschlossen, der sich aus einer Vielzahl von Landschaften, Kulturen und Gesellschaften zusammensetzt. Erst durch seine kartografische Repräsentation erschien er als Einheit – »India is born.«[41]

Rekapituliert man die Geschichte seit der Renaissance, so lässt sich festhalten: Ab dem Moment, an dem sich die Europäer:innen zu Entdeckungs- und Eroberungsreisen in die Welt aufmachten, benötigten sie zunehmend genauere Zeichensysteme, um sich in der neuen Welt zu orientieren. Mit diesem Aufbruch hatten sie aber auch die Einheit ihrer konkreten Lebenswelten mit den sozialen und kulturellen Beziehungen aufgegeben und damit eine Welt, deren Einheit durch Mythos und Religion garantiert gewesen war. Dieser Verlust wurde nun durch mathematisch-geometrische Verfahren kompensiert, die es erlaubten, die Einheit der Welt als Ganzes wiederherzustellen – die Mathematik trat an die Stelle Gottes beziehungsweise des Mythos. War diese Welt einmal als Ganzes in die Repräsentationsweisen von Karten und Globen überführt, stand sie vermeintlich zu jeder Zeit und an jedem Ort zur freien Verfügung. Diese Repräsentationsweise, die es erlaubte, die Welt als Ganzes zu sehen und zu denken, ist eine Conditio sine qua non der anthropozänen Transformation des Planeten, die sich dann in der Folgezeit entfaltete.

Der holländische Künstler Jan Vermeer hat diesen Moment in dem Ölgemälde *Der Geograph* aus den Jahren 1668/69 erfasst: Der Geograf Vermeers steht mit dem Kopf nach vorne gebeugt in einem Zimmer. Von dem eigentlichen Gegenstand seiner Untersuchung, der Außenwelt, ist er durch ein Fenster getrennt. Die Welt liegt nur in der Form einer Repräsentation, nämlich als Karte, vor ihm. Um die Welt zu vermessen, muss er nicht mehr in sie hinaustreten, sich in ihr bewegen, ihm genügt die Bearbeitung des Bildes der Welt. Daran erinnert uns der Stechzirkel in seiner linken Hand. Auch das Licht, das durch das Fenster fällt, führt uns nicht eine Landschaft vor Augen, sondern leitet den Blick auf die unterschiedlichen Repräsentationsweisen: die Karten auf dem Tisch, dem Boden, an der Wand und den Globus. Insbesondere fällt das Licht auf das Gesicht des Geografen. Es symbolisiert dessen Erleuchtung. Das eigentliche Geschehen spielt sich im Kopf des Geografen ab, der die im Zimmer angehäuften Karten und Dokumente deutet.

Vermeers *Geograph* versinnbildlicht damit einen dramatischen Wendepunkt in der Menschheitsgeschichte: die Loslösung der Kultur- von der Naturgeschichte des Menschen, das heißt, der moderne Mensch beschäftigt sich nicht mehr hauptsächlich mit der Natur selbst, sondern mit Theorien über die Natur. Die Kartografie macht es möglich, dass der Mensch der ganzen Welt als Beobachter gegenübertritt. Dabei bedient sie sich mathematisch-geometrischer Verfahren, die eine Welt durch Abstraktion und damit Ausblendung aller individuellen und gesellschaftlichen Perspektiven erzeugt. Es ist eine Welt, die aus Messdaten besteht, die in ein Raster eingefügt sind. Gleichwohl basiert der Blick des Geografen auf einer konkreten Erfahrung. Es ist der Blick des Westens auf die durch ihn konstruierte Welt.

Welche Rolle geometrische und damit abstrahierende Verfahren bei der Begegnung der Europäer:innen mit anderen Kulturen und Gesellschaften spielen, lässt sich im 20. Jahrhundert exemplarisch an Le Corbusiers 1931–1942 für Algier entwickeltem Plan »Obus« studieren, der aufgrund mangelnder Unterstützung nie umgesetzt werden konnte. Er führt jedoch vor Augen, wie die mathematische Weltsicht der westlichen Moderne in der Architektur sinnlich erfahrbare Gestalt erhielt und dabei im Sinne anthropozäner Weltgestaltung ein abstrakt-universalistisches Bauen beförderte. Der Plan gilt als ein bedeutender Referenzpunkt für die Architekturgeschichte des 20. Jahrhunderts. Bereits bei seiner Reise nach Algier 1931 entdeckte Le Corbusier am Beispiel von Fes die Bauprinzipien einer nordafrikanischen Stadt für sich mit folgenden Worten: Diese Stadt sei

> [...] von Innen gebaut [...], das heißt, dass die menschliche Zelle, ökonomisch, exakt, im Maßstab der menschlichen Gliedmaßen, der menschlichen Gesten, der menschlichen Beschäftigungen funktionierend, der eigentliche Grund für die Stadt ist, das grundlegende biologische Element, das, in sich richtig konstituiert, keimt und sich multipliziert. Und das Ganze steht im Dienst der Zelle [...]. Jede Geste in der Medina ist effizient: Man findet, was man braucht, alles ist schnell, weil alles in einem kompakten Molekülzustand konzentriert ist.[42]

Le Corbusier erkannte also unmittelbar den anthropozentrischen, auf den Menschen bezogenen Kern der orientalischen Bauweise: Die Stadt entwickelt sich von innen nach außen, erschließt sich so für den einzelnen Menschen, wenn er sein Haus verlässt, wie ein organisches Ganzes. Die verschiedenen Funktionen der Medina übernehmen dabei die Rolle von Gliedmaßen. Vor dem Hintergrund dieser Analyse erscheint der Plan »Obus«, den Le Corbusier in den folgenden Jahren entwickelte, als krasser Gegenentwurf zur Analyse der orientalischen Stadt: Sechzig Prozent der verwinkelten Kasbah sollten entkernt werden. Für ihre Bewohner war ein gigantischer Wohnblock vorgesehen, der sich an der Küste entlang bis auf die Hügel der Stadt erstrecken sollte. An die Stelle einer organisch entwickelten und dabei verwinkelten Stadt sollte also eine architektonische Großstruktur treten, die die Stadt nach außen zum Meer hin öffnete. Für den Bewohner Algiers hätte dies zur Konsequenz, dass er sich nicht mehr durch einen städtischen Raum bewegen würde, in dem er an jeder Ecke eine neue Wahrnehmung, eine neue Erfahrung machen könnte, insofern der Blick in eine andere Richtung wandern würde. Vielmehr erschlösse sich die Gesamtstruktur Algiers, wie es Le Corbusier konstruiert hatte, mit nur einem Blick.

Wie sich diese Position aus der ursprünglichen Beschreibung entwickelt haben könnte, wird verständlich, wenn man berücksichtigt, dass Le Corbusier sein architektonisches Analysesystem auf den Menschen selbst angewandt hatte,[43] wobei sich unschwer Parallelen zu der Vermessung des Menschen durch Leonardo da Vinci erkennen lassen. Der Körper wird dabei in Proportionen untergliedert und in ein kartesianisches Messsystem übersetzt. Ausgangspunkt ist dann nicht mehr der konkrete organische, sondern der in seine Proportionen und Maße zerlegte, also abstrahierte Mensch. Dieser ist angesiedelt in einem völlig offenen Raumsystem. Im Verständnis Le Corbusiers lassen sich dementsprechend aufgrund des Konstruktionsprinzips alle konkreten Perspektiven auf eine Stadt in diese Struktur übersetzen.

Es ist dieses kartesianische Verfahren der Übersetzung konkreter Perspektiven in eine abstrakte Struktur, das es Le Corbusier erlaubte, überall auf der Welt zu bauen, nicht indem er immer wieder eins zu eins dasselbe baute, sondern indem er aus den je konkreten Kontexten allgemeine Strukturen abstrahierte. Die abstrahierte Struktur garantierte die Einheit der Welt.

Nun gab es aber zu Beginn des 20. Jahrhunderts in Europa auch eine Gegenbewegung, in der Künstler:innen die Vorstellung von der Einheit der Welt durch die Artikulation einer Perspektivenvielfalt infrage stellten. Als Beispiel hierfür kann etwa James Joyces *Ulysses* gelten, das die Leser:innen während eines Tages im Juni 1904 durch die Stadt Dublin führt. Das Unerhörte an diesem Roman liegt unter anderem darin, dass auf über siebenhundert Seiten der triviale Alltag der Bewohner dieser Stadt ausgebreitet wird. Im Fokus steht nicht die scheinbare Realität, sondern ihre Auflösung in eine Vielzahl von Perspektiven. Dies wiederum ruft einen vorher nicht gekannten Reichtum an Darstellungsweisen auf den Plan, von Musiknotationen über Verse und Reportagefetzen bis hin zu Dialogen und Erzählpassagen. Dabei hat keine dieser Darstellungsformen Vorrang. Der Leser sieht sich im Verlauf der Lektüre gezwungen, selbst die unterschiedlichen Perspektiven einzunehmen. Er steht also nicht einer Welt gegenüber, die vor ihm entfaltet wird. Er bewegt sich in der Welt des Romans.

Eine ähnliche Entwicklung ließ sich auch im Bereich der Bildenden Kunst feststellen. Die Künstler:innen revoltierten gegen eine Einengung auf die Zentralperspektive, was, in den Worten Georges Braques, folgendermaßen klingt: »Die herkömmliche Perspektive befriedigte mich nicht. In ihrer Mechanisierung gibt sie nie den vollen Besitz der Dinge. Sie geht von einem einzigen Standpunkt aus und verlässt ihn nie.«[44] Die Zentralperspektive hinderte Braque daran, wie er weiter ausführt, eine komplexere Erfahrung des Raums ins Bild zu setzen, bei der nicht nur das Sehen, sondern auch das Greifen eine Rolle spielen sollte.

Lösten sich mit dem 17. Jahrhundert, dem Zeitalter der Aufklärung, die Naturwissenschaften aus der Obhut der Philosophie und begannen, mit ihren Methoden und Erkenntnissen zu definieren, was als Realität zu gelten hatte, wollten viele Künstler:innen der Moderne erst gar nicht in Konkurrenz zu diesem Realitätsverständnis treten. Ihnen waren alle auf Intersubjektivität abzielenden Regeln und Konstruktionsverfahren, wie sie in den Kunstakademien des 19. Jahrhunderts gelehrt wurden, verhasst. So schrieb Monet 1868 während eines Landaufenthalts an seinen Freund Frédéric Bazille: »Meinen Sie nicht, man ist besser allein mit der Natur? [...] Was ich hier tue, wird wenigstens den Vorzug haben, dass es nichts anderem gleicht, weil es allein Ausdruck meines eigenen Erlebens ist.«[45]

Auch die Künste emanzipierten sich also von der Philosophie, aber nicht, um eine objektive Realität darzustellen, sondern um Subjektivität zum Ausdruck zu bringen. Dabei wurde nicht die Auseinandersetzung mit der Wirklichkeit – der inneren wie der äußeren – aufgegeben, sondern die subjektive Perspektive der Künstler:innen verstärkt artikuliert.

Quantifizierung der Zeit. Von der gelebten Zeit zur Zeit, die uns lebt

> Es ist schlimm genug, rief Eduard, daß man jetzt nichts mehr für sein ganzes Leben lernen kann. Unsre Vorfahren hielten sich an den Unterricht, den sie in ihrer Jugend empfangen; wir aber müssen jetzt alle fünf Jahre umlernen, wenn wir nicht ganz aus der Mode kommen wollen.[46]

Diese Sätze entstammen nicht, wie man meinen könnte, dem 20. Jahrhundert, sondern wurden zu Beginn des 19. Jahrhunderts von Eduard, einem der Protagonist:innen der *Wahlverwandtschaften*, die Goethe im Jahr 1809 veröffentlichte, geäußert. Es ist eine Klage über den explosionsartigen Anstieg des Wissens in einer Zeit, in der sich die Wissenschaften als Fachdisziplinen etablierten.[47] Eine Klage, in der sich eine grundlegende Unsicherheit visionär artikulierte, welche die nächsten zwei Jahrhunderte prägen sollte, wenngleich sie nicht die ganze Tragweite der Revolution erfasste. Dazu kam es erst einige Jahre später, in Szene gesetzt von Francisco de Goya im Zyklus *Pinturas negras* (um 1820). Eines der Bilder dieses Zyklus zeigt den ausgemergelten Saturn, den Gott der Zeit, dessen Augen weit aufgerissen den Betrachter anstarren, in den Händen hält er eines seiner Kinder, um es Stück für Stück aufzufressen. Die Zeit frisst ihre Kinder, um zu überleben, und vernichtet sich dabei selbst.

Um die Grundstruktur unserer heutigen Zeit und insbesondere die Rolle der digitalen Medien zu verstehen, gilt es, den Sprung zu erfassen, der zwischen dem Goethe-Zitat und dem Goya-Bild getan worden war. Erdgeschichtlich betrachtet, könnte man sagen: Während Eduard noch seine Irritation über die Endphase des Holozäns zum Ausdruck bringt, starrt Saturn bereits in das Zeitalter des Anthropozäns. Eduard setzt sich mit einer Welt auseinander, in der das Wissen um ebendiese zwar nahezu täglich wächst, in der neue Räume erschlossen, neue Spezies entdeckt werden und zugleich mittels der Entwicklung der Wissenschaften permanent neue Beschreibungen der Welt entstehen, die unser Wissen über sie perspektivisch weiter ausdifferenzieren. Aber – und dies ist entscheidend: Die Welt, auf die sich all diese Erkenntnisse beziehen, scheint mehr oder weniger stabil. Die Zukunft bringt Fortschritt, sie verspricht ein besseres, ein aufeinander aufbauendes, ein exakteres Wissen.

Allerdings hatte zur Zeit Goethes bereits ein anderer Prozess seinen Anfang genommen, der dieses Weltverständnis grundlegend ins Wanken bringen sollte, nämlich die Entwicklung der Technologien, die die mehr oder weniger konstante materielle Welt des Holozäns im Zusammenspiel mit der Quantifizierung der Zeit, das heißt mit ihrer Einteilung in Zahlenwerte, und der darauf aufbauenden Beschleunigung destabilisierten. Eine Entwicklung, die im 19. Jahrhundert deutlich Fahrt aufnahm, um dann im 20. zur vollen Entfaltung zu gelangen. Und dafür erwiesen sich nicht von ungefähr das Militär und der Krieg als geeignetes Testgebiet, setzte sich doch etwa Graf Helmuth von Moltke vehement für eine Standardisierung von Zeit ein, um militärische Aktionen aufeinander abzustimmen.[48] Dies wiederum bescherte der Armbanduhr im Ersten Weltkrieg ihren ersten großen Auftritt: Hatte sie bis zu diesem Zeitpunkt als Accessoire das Handgelenk der Damen verschönert, so ermöglichten die Uhren, getragen von Soldaten, nun koordinierte Massenangriffe.[49] Aber auch die Logistik der Rüstungstransporte sowie die schnelle Verlegung von Mensch und Material von einem Teil der Front zum anderen verdankten sich dem quantifizierten und standardisierten Zeitregime der Uhren, das im Transportwesen, vor allem bei den Eisenbahnen, in der zweiten Hälfte des 19. Jahrhunderts begonnen hatte. Noch in den 1870er-Jahren war ein Reisender, der mit dem Zug von der West- zur Ostküste der Vereinigten Staaten fahren wollte, gezwungen, zweihundert Mal die Zeit umzustellen. Im Jahre 1883 setzte dann die Eisenbahn eine Standardzeit mit verschiedenen Zeitzonen durch und etablierte so ein einheitliches Zeitregime für einen ganzen Kontinent. Doch es dauerte noch bis zum 1. Juli 1913, also bis kurz vor dem Ersten Weltkrieg, bis mithilfe der drahtlosen Telegrafie das erste Zeitsignal um die Welt geschickt werden konnte und damit der ganze Globus zeitlich miteinander verbunden war.

Neben dem Militär- und Transportwesen veränderte die Standardisierung der Zeit auch die Arbeitswelt, verlangte die Industrialisierung schließlich nach einer präzisen Koordination der Abläufe, wie es in einem der ersten Beiträge zur Filmgeschichte, *Arbeiter verlassen die Fabrik* von den Brüdern Lumière, eindrucksvoll festgehalten wurde. Der Film, der in einer einzigen Einstellung gedreht wurde, setzte voraus, dass die Arbeiter:innen als Masse zu einem bestimmten Zeitpunkt die Fabrik verließen, die Arbeit also einen gemeinsamen Beginn und ein gemeinsames Ende hatte. Reflexiv gewendet, manifestierte sich in diesem Bild somit auch die Existenz der Arbeiterschaft in der Industriewelt, indem sich die Arbeiter:innen nicht mehr nur als Einzelne wahrnahmen, sondern als Teil einer Klasse. Gleichzeitig veränderte die Standardisierung von Zeitabläufen die Tages-, Wochen- und Jahresrhythmen der arbeitenden Bevölkerung und schrieb sich geradezu in deren Körper ein, wobei sich die Kollision des neuen Zeitregimes mit dem Leben, die dabei erzeugten Spannungen und geradezu traumatisierenden Erfahrungen unter anderem im direkten Angriff auf die Uhren entluden.

Der Fordismus verfeinerte dann im 20. Jahrhundert die Zeittechnologie, indem er ein noch engeres Zeitkorsett und durch die Arbeit am Fließband eine immer schnellere Taktung von Arbeitsabläufen entwickelte – der Spruch »Zeit ist Geld« stieg so zum Dogma kapitalistischen Wirtschaftens auf, wobei sich als Grundlage für diese durch den Kapitalismus befeuerten Beschleunigungsprozesse die Nutzung der fossilen Rohstoffe der Erde und die Entwicklungen immer neuer Technologien erwiesen.

Einer Technologie kam und kommt dabei eine Schlüsselrolle zu, nämlich der in die »Herzkammer« des 20. Jahrhunderts, in die Raffinerie, eingebauten, seit den 1890er-Jahren zur Verfügung stehenden Katalyse, bei der durch die gezielte Zugabe von Stoffen natürliche Prozesse extrem beschleunigt werden.[50] Im Verfahren der Katalyse werden die fossilen Rohstoffe des Planeten, die sich über Jahrmillionen in biochemischen Prozessen gebildet haben, so umgewandelt, dass sie zu den Treibern unserer Mobilität werden können. Planetarische Zeit wird so in Menschenzeit übertragen, das heißt, mit der Technologie der Katalyse gelingt es, in die Tiefenzeit des Planeten, die *deep time*, vorzudringen und zuvor nie gekannte Energien in der Gegenwart zur Verfügung zu stellen. Und es sind diese Energien, die den Menschen in den letzten Jahrzehnten zum Hauptgestalter der Erde haben werden lassen – keine andere natürliche Kraft ist auch nur annähernd in der Lage, die Erde in dem Maße umzugestalten.

Entwicklung und Herstellung der großen technologischen Infrastrukturen, die eine Ausbeutung der fossilen Rohstoffe der Erde ermöglichten, waren ihrerseits nur möglich dank des kapitalistischen Wirtschaftsmodells und einer komplexen Zeitstruktur: Die Zukunft wird mittels eines »Kredits« der Gegenwart zur Verfügung gestellt. Dieser Kredit erlaubt es uns, bei der Förderung von fossilen Brennstoffen tief in der Vergangenheit zu graben. Dabei kann der Kapitalismus selbst als eine Technologie verstanden werden, die sich durch ihre Weiterentwicklung zum Finanzkapitalismus immer weiter von ihrer materiellen Basis in der Gegenwart gelöst und eine Eigenlogik entfaltet hat. Deren zerstörerisches Potenzial ist unter anderem in der Finanzkrise 2008 und ihren Folgen, von der geplatzten »Immobilienblase« bis hin zur Bedrohung von ganzen Staaten, allzu deutlich geworden.

Damit liegen alle entscheidenden Prozesse der Beschleunigung, die das 20. Jahrhundert wie den berühmten »Engel der Geschichte« von Walter Benjamin vorangetrieben haben, offen zutage:

- Technologien, die es erlauben, die Energien der planetarischen Zeit zur Verfügung zu stellen
- ein Kapitalismus, der es erlaubt, die Zukunft der Gegenwart als Ressource zur Verfügung zu stellen

- ein quantifiziertes, also in Zahleneinheiten gegliedertes Zeitregime, das die Koordinierung und Standardisierung gesellschaftlicher Vorgänge befördert und dabei die Taktzahl der kapitalistischen Produktion beschleunigt
- durch Wissenschaft und Technologie bereitgestellte und durch Kredite finanzierte Großtechnologien, die in immer schnellerer Taktung entwickelt werden und eigene Realitäten bilden.

Wir erfahren diese Beschleunigung dadurch, dass in unseren Lebenswelten in immer schnelleren Taktungen nicht nur neue Objekte, sondern ganze Objektwelten entstehen. So treten an die Stelle der relativ stabilen Objektwelten der Prä- und Frühmoderne die dynamisierten materiellen Welten des Anthropozäns. Dessen Innovationsdruck produziert wiederum permanent neue Welten und hinterlässt dysfunktional gewordene ältere Technologien als Fossilien, die nur noch in Museen besichtigt werden können. Damit einhergehend werden auch frühere Wissens- und Erfahrungsbestände fossilisiert, sodass sich die Gegenwart von der Vergangenheit abkoppelt. Zur selben Zeit – und auf diesen doppelten Prozess hat Helga Nowotny in ihrem Buch *Eigenzeit* aufmerksam gemacht[51] – wird durch den Ressourcenverbrauch und die Herstellung immer größerer und umfassenderer Infrastrukturen die Zukunft verbaut. Die Zeit schrumpft, wie eingangs angeführt, zum flüchtigen Augenblick der Gegenwart zusammen.

Was das für die Gesellschaft und den Einzelnen bedeutet, wird verständlich, wenn man sich vor Augen führt, wie Bedeutungs- und Sinnzusammenhänge im sozialen Raum entstehen: Vergangenheit und Zukunft stellen für die Sinnproduktion der Gesellschaft wichtige Ressourcen dar. Mit anderen geteilte Erfahrungen aus der Vergangenheit verdichten sich in Zeichen, die den Sinnhorizont und damit den Maßstab für gegenwärtiges Tun zur Verfügung stellen, und die Fortsetzbarkeit dieses Zeichenprozesses in der Zukunft sorgt dafür, dass der gesellschaftliche Prozess nicht erstarrt und einfriert. In der Zukunftsoffenheit erweist sich somit das Potenzial der

Sinnproduktion. Werden die Zeichen nun jedoch von ihren pragmatisch-semantischen Zusammenhängen mit der Vergangenheit sowie von ihrem zukünftigen Bedeutungspotenzial abgetrennt, indem sich aufgrund der quantifizierten Beschleunigungsvorgänge alles auf die Gegenwart konzentriert, bleibt der Zeichenträger als reines Objekt zurück: Die Syntax der Zeichen ist ihrer Semantik und Pragmatik beraubt, sie ist bar aller Bedeutungszusammenhänge. Als Erfahrung entspricht dem die ständige Bewegung im Hamsterrad. Es bedarf einer hohen Anstrengung, um auf der Stelle zu bleiben – den Platz einer Welt, in der das Handeln auf die Sinnzusammenhänge bezogen war, nimmt nun der Sachzwang ein.

Vor diesem Hintergrund verwundert es wenig, dass der Steuerungsmechanismus dieser in den letzten hundert Jahren geschaffenen Welt in einer rein formalen Syntax ohne jede Bedeutung mündete, die auf der Zeichenebene einer Zeit entspricht, die reine Gegenwart ist: den Algorithmen, das heißt schematisierten Rechenvorgängen, die die Grundlagen unserer digitalisierten Welt bilden und mit einem binären Code aus Einsen und Nullen unsere heutigen Bildwelten entstehen lassen. Die Algorithmen der digitalen Welt entsprechen dabei jedoch nicht nur dem Zeitbegriff einer alles umgreifenden Jetztzeit, sie machen diese auch erst möglich, insofern es die neuen Rechenkapazitäten erlauben, Informationen in Geschwindigkeiten miteinander zu verknüpfen, die weit über menschliche Rechenleistungen hinausgehen.

Diese neue Zeitlogik aber, die das utopische Versprechen des »Alles steht Dir in jedem Augenblick zur Verfügung« einzulösen scheint, rekurriert nicht nur auf die Informationsverarbeitung. Über die digitalen Technologien wirkt sie zudem tief hinein in die sozialen, politischen und ökonomischen Prozesse der Gesellschaft und transformiert diese grundlegend. Die Algorithmen steuern die Konsumgesellschaft des heutigen Hyperkapitalismus und damit das »träumende Kollektiv« der bürgerlichen Kultur, das keine Geschichte kennt und sich dem Wahn der Warenwelt hingibt, wie es Walter Benjamin schon für die 1930er-Jahre diagnostiziert hatte.[52]

In jenem Jahrzehnt wurden von Mathematiker:innen und Logiker:innen wie Alan Turing und John von Neumann die theoretischen Fundamente gelegt, auf denen sich die Computertechnologie in den 1960er- und 1970er-Jahren im Kontext des Kalten Krieges in einer engen Verbindung von militärischen Interessen und wissenschaftlicher Forschung mit wesentlicher Unterstützung des US-Verteidigungsministeriums entfalten konnte. Mit dem Fall der Mauer und dem vorläufigen Ende des Kalten Krieges trat zwar 1989 das World Wide Web 1989 seinen Siegeszug um die Welt mit dem Versprechen an, das geeignete Medium für demokratische Gesellschaften zur Verfügung zu stellen, insofern das Internet die Möglichkeit einer weltweiten Kommunikation und den freien Zugang zu den Wissensbeständen der Menschheit eröffnete. In den letzten Jahren aber trat die Janusköpfigkeit dieser Entwicklung zunehmend in den Vordergrund: Kommodifiziert sind in der Welt des Hyperkapitalismus möglichst alle Lebensbereiche, von der Gesundheit, beispielsweise in Form von Wellnessangeboten, über die Freizeit in Form von Reisen bis hin zur Liebe in Form von Pillen und erotischen Accessoires. Jeder Lebensbereich ist vermittels Dingen abgedeckt, die käuflich erwerbbar sind. Und so definiert eine durch die Algorithmen gesteuerte Beziehung zu den Dingen, wer und was der Mensch ist. Die Konsument:innen entwickeln ihre Profile und damit Netzidentitäten durch die digitalen Spuren ihres Kaufverhaltens und kreieren dadurch ihre Beziehungsgeflechte in der Syntax. Sie stellen dabei Bedeutungen her, an denen Firmen, die diese Daten sammeln und auswerten, ansetzen, um sie zum Ausgangspunkt für die Arbeit der neuen Lebensweltdesigner:innen zu machen, welche dieses Verhalten wiederum erfassen und modulieren, um neue Objektwelten zu generieren, für die Werbung und Marketing neue Bedürfnisse schüren. Gleichzeitig sind auch staatliche Stellen weltweit an der Erfassung dieser Daten zwecks Kontrolle ihrer Bürger:innen interessiert. So erweisen sich die komplexen Algorithmen, die die Freiheit einer ungehinderten Kommunikation versprochen haben, mehr und mehr als Grundlage einer Technologie von Überwachungsstaaten.

Zugleich werden die der direkten parlamentarischen Kontrolle selbst demokratischer Staaten entzogenen Algorithmen buchstäblich zu Instrumentarien einer neuen Kriegsführung, etwa bei Drohnenangriffen auf Menschen, die weder als Soldat:innen im Krieg gelten noch in einem gerichtlichen Prozess verurteilt wurden – ganz zu schweigen von den sogenannten »zivilen Kollateralschäden« dieser Angriffe. Damit wird die Frage aufgeworfen, ob wir uns jenseits der aktuellen Kriege und der Sorge um die Möglichkeit eines Dritten Weltkrieges nicht bereits in einem latenten Kriegszustand befinden. Ein Krieg, der nie offiziell erklärt wurde, der aber im Kampf um die immer knapper werdenden Ressourcen, die das Anthropozän verschlingt, zu immer heftigeren Eruptionen einerseits und zum Zusammenbruch von bestehenden Ordnungssystemen andererseits beiträgt.

Mit Blick auf diese Entwicklungen lässt sich also formulieren: Während wir bis zur Mitte des 20. Jahrhunderts einer relativ stabilen materiellen Welt begegneten, zu der es eine Vielzahl verschiedener kultureller Repräsentationen gab – kurz: Es existierten eine Welt und viele Kulturen –, erleben wir heute eine Vervielfältigung der materiellen Welt. Der Aspekt der Einheit findet sich nun auf der Seite der Kultur, nämlich in Form der bereits erwähnten bedeutungsfreien Syntax des digitalen Codes. Der Algorithmus überschreibt als Megatrend die vielen Prozesse, die sich an den echten und scheinbaren Peripherien abspielen – er verschlingt, wie Goyas Saturn, seine eigenen Kinder.

Nun mag es nur ein erkenntnisfördernder Zufall sein, dass, wie der Schriftsteller Marcel Beyer bemerkte, das Zeichen »XX«, ein einfaches Zeichen mit einer klaren Syntax, in seiner Bedeutung als römische Zahl das 20. Jahrhundert bezeichnet, während man es im Zeitalter der Schreibmaschine gleichzeitig als Zeichen des römischen Alphabets zur Auslöschung beziehungsweise Überschreibung eines zuvor geschriebenen Textes nutzte.[53] Dies entspricht als Bild dem Algorithmus, der unsere Zeit schreibt. Doch die mit »XX«

überschriebenen Texte wecken die Neugier, die darunterliegenden Zeichenschichten wieder erkennbar zu machen, ihre Bedeutung zu entschlüsseln. Die durch den Megatrend der Algorithmisierung überschriebenen Texturen und Prozesse müssen wieder freigelegt werden, um sich die Freiheitspotenziale vergangener Entwicklungen zu vergegenwärtigen und um neue Maßstäbe, aber auch Handlungsoptionen für die Gegenwart zu erwerben. Es muss das Ziel sein, mit den Mitteln ästhetischer Imagination, konzeptioneller Reflexivität und zivilen Engagements der Alternativlosigkeit der existierenden Politlogiken, die von Sachzwängen getrieben sind, neue Denk- und Handlungsmodelle entgegenzustellen. Dabei ist die Richtung der Entdeckung vorgegeben. Das »XX« löscht den Kernbereich der überdeckten Botschaften aus. Die Entschlüsselung muss an den Rändern ansetzen.[54]

In einem von Frankfurts Hochhaustürmen saß Anfang August 2011 einer der ERFAHRENEN DOMPTEURE DES KAPITALS. Er hatte nur Augen für den Bildschirm seines Rechners. In dieser Höhe über der Stadt war die grelle und ungehindert einwirkende Sonne durch eine verstellbare Folie vor den Fenstern abgedämpft. Auf dem Bildschirm hätte man sonst wenig erkannt. So sah es aus, als trüge der Raum eine Sonnenbrille.

An diesem Tage wußten sich die Experten nicht zu helfen. Graphisch sahen sie den Börsensturz als eine senkrechte Linie, die innerhalb von vier Minuten den Verlust von vier Prozentpunkten des DAX signalisierte. Das entsprach einem Wert von einigen Milliarden Dollar. Eine Theorie für die Vorgänge besaß dieser Praktiker im halbwegs abgedunkelten Raum in der Höhe nicht. Hat denn ein Löwenbändiger eine Theorie? Er kennt seine Tiere. Diese Kreatur hier, die auf beiden Seiten des Atlantiks monströse Zerstörungen anrichtete, war in ihrem Verhalten den Experten unbekannt. War es eine neue Spezies? Oder war es die Krise von 1929, nur anders kostümiert? Der legendäre Mann in seinem Vorstandszimmer, der sonst Märkte zu zügeln wußte, hätte sich gerne praktisch verhalten: Nüsse knacken, einen Apfel schälen, Mineralwasser eingießen – einen Kontakt zu irgendeiner Tätigkeit wollte er haben und nicht auf den Bildschirm starren und warten.

Alexander Kluge

Von den Zahlen. Die große Zahl und die Revolution der Finanzwirtschaft

»Wenn Sie der Bank hunderttausend Dollar schulden, gehören Sie der Bank. Wenn Sie der Bank hundert Millionen Dollar schulden, gehört die Bank Ihnen.« – Mit diesem amerikanischen Sprichwort eröffnet David Graeber sein berühmtes Buch *Schulden*.[55] Auch wenn es sich um ein etwas älteres Sprichwort zu handeln scheint, würden heute doch eher fünf Milliarden Dollar der angemessene Schuldenbetrag sein, um der Bank habhaft zu werden, liegt der entscheidende Punkt des Sprichworts doch im Zauber der großen Zahl. Durch ihn, diesen Zauber, gelingt es, die Realität zu verändern.[56] Gleichzeitig verweist das Sprichwort auf zwei verschiedene Bereiche – einen, der von größter Bedeutung ist, um die Finanzkrisen der Gegenwart zu verstehen, nämlich die Mathematik, und einen anderen, nicht minder wichtigen Bereich, die Religion, kommt doch gerade dem Schuldenmotiv, wie unter anderem Christina von Braun gezeigt hat,[57] in der christlichen Religion eine tragende Rolle zu. Von Beginn an definierte das Schuldmotiv das Verhältnis des Menschen zu Gott mit. Adam und Eva machten sich schuldig, als sie den Apfel vom verbotenen Baum aßen. Um Erkenntnis zu erlangen und damit eine gewisse Unabhängigkeit und Autonomie von Gott, wurden sie schuldig. Diese Erbschuld lastet nach christlicher Vorstellung auf dem ganzen Menschengeschlecht. Insofern nimmt es nicht wunder, dass wir auf der amerikanischen Dollarnote den Satz »In God we trust« finden. Dieser Satz deutet darauf hin, dass beim Übergang zur Geldwirtschaft der Glaube eine zentrale Rolle spielte.[58] Denn nur wenn die Gesellschaft an den Wert des Papiergeldes, das ja keinen Eigenwert besitzt, glaubt, kann dieses die gewünschte Rolle einnehmen. Und nur wo geglaubt wird, vollziehen sich wundersame Dinge, ist der Übergang von der Welt der Zahlen, der Mathematik, zu der Welt der konkreten Dinge möglich, lässt sich bedrucktes Papier in Essen, Autos, Häuser, selbst Fernreisen verwandeln. Der Bezug zur christlichen Transsubstantiationslehre, nach der das Brot in den Leib Christi verwandelt wird, liegt auf der Hand. Gerät dieser Glauben jedoch ins Wanken, wird der Finanzwirtschaft der Boden entzogen.

Als kulturelle Strategie beziehungsweise Technologie betrachtet, vollzog sich mit der Einführung der Geldwirtschaft ein Abstraktionsschritt. Die Gesellschaft löste sich vom Tauschcharakter der Objekte und ersetzte sie durch den Tausch von Symbolen, letztendlich Zahlen. Damit wurde die Geldwirtschaft zu einem Vorläufer – wenn nicht gar dem nach wie vor gültigen Fundament – heutiger disruptiver Technologien, die die Dynamiken des Anthropozäns antreiben und die in der heutigen Finanzwirtschaft einen vorläufigen Höhepunkt erreichen. Denn die Geldwirtschaft ist disruptiv im Hinblick auf die Zeit, erlaubt sie es doch, die Zukunft mittels Krediten der Gegenwart als Ressource zu Verfügung zu stellen. Insofern jeder Innovationsschub im kapitalistischen Wirtschaftssystem also mit einer Wette auf die Zukunft beginnt, sprich mit der Aufnahme von Krediten, um damit künftige Entwicklungen zu finanzieren, wird die Erbschuld der Bibel zur Triebfeder des Kapitalismus. Man muss Schulden machen, um die Zukunft zu gestalten. Darüber hinaus befeuert diese Vereinnahmung der Zukunft in der Gegenwart deren Beschleunigung, müssen doch in der Jetztzeit bereits die durch die Zukunft bereitgestellten Ressourcen umgesetzt werden.

Die Geldwirtschaft wirkt zugleich aber auch disruptiv, da sie kategorial völlig verschiedene Bereiche miteinander in Beziehung setzt: Mittels des Geldes lassen sich Erfindungen, Entdeckungen oder kulturelle Leistungen im weitesten Sinne mit anderen Waren gleichsetzen, insofern sie auf einen Wert, eine Zahl, abstrahiert werden. In diesem Abstraktionsprozess, der Gleichbehandlung im Hinblick auf denselben Geldwert, werden die kulturellen Handlungen selbst zu Gegenständen und damit naturalisiert. Gleichzeitig stellt die Mathematik ihrerseits immer komplexere Algorithmen bereit, um die Zukunft zu berechnen, Schuld zu rationalisieren. Dabei wird die Zunahme an Komplexität durch die Erhöhung des Abstraktionsgrades erkauft, der in den letzten Jahrzehnten einen Punkt erreicht hat, an dem die abstrakten Zeichensysteme wieder als konkrete Gegenstände in Form von Modellrechnungen und Simulationen von Welten zweiter oder n-ter Ordnung sichtbar gemacht werden mussten. Mit diesen Simulationsbildern lassen sich zwar ganz anschaulich die zukünftigen Welten ausmalen – aber ihre Konkretheit ist verführerisch, unterliegen ihr doch eine Vielzahl von Abstraktionsschritten. So war es unter anderem aufgrund des Glaubens an derartige Modellrechnungen, weshalb das Zerplatzen der ersten Spekulationsblase am Ende des letzten und zu Beginn des neuen Jahrhunderts die Finanzwirtschaft so unvorbereitet traf.

Beispielhaft für diese Entwicklung steht der Hedgefonds Long Term Capital Management. Ihm waren in den 1990er-Jahren die Finanzmathematiker Robert C. Merton und Myron Scholes beigetreten, die für ihre Formel zur Berechnung des Werts von Derivaten mit dem Nobelpreis ausgezeichnet worden waren. Aufgrund scheinbar sicherer Risikomodelle warf der Fonds zunächst traumhafte Gewinne ab: 1995: 43 Prozent; 1996: 40 Prozent; 1997: 17 Prozent. 1998 verfügte der Fonds über fünf Milliarden Dollar, denen 125 Milliarden an Krediten gegenüberstanden, und im September 1998 kollabierte der Fonds.[59] Er konnte das Versprechen auf die Zukunft, auf das »Long Term Management«, nicht einlösen. Im Jahr 2008 wurde dann ein Punkt erreicht, an dem nicht nur ein oder mehrere Fonds sich in Schieflage befanden, sondern Großbanken und Staaten – und der Zauber der großen Zahl entfaltete seine fatale Wirkung.

Erfolgte die Entwicklung der von der Realität unabhängigen Zeichensysteme im Bereich der Mathematik und der Monster in der Antike noch getrennt voneinander,[60] so verbanden sich beide Entwicklungen in der anthropozänen Hochphase der letzten Jahrzehnte: Die Übersetzung der Zukunft in die Gegenwart – zunächst durch Finanzierung von Infrastrukturen über Kredite, dann aber auch durch die Entwicklung von Finanzprodukten, deren

Handel sich immer mehr loslöste von den realen Produktwerten – war in den letzten Jahrzehnten grundlegend mitverantwortlich für die »Great Acceleration« des Anthropozäns. Das heißt, durch den Innovationsschub der Finanzindustrie findet eine Beschleunigung der Monsterbildung statt, indem immer mehr kategorial verschiedene Bereiche in Gestalt einer Übersetzung in Finanzprodukte ineinander verwoben werden, weil sie sich gegenseitig verrechnen lassen. Die eigentliche Steuerung erfolgt dann über die Quantifizierung, bei der Zahlenbereiche eine Rolle spielen, die sich jenseits menschlicher Vorstellungen befinden und nur noch mithilfe von Computermodellen handhabbar werden. Daraus folgt, dass die Regularitäten der Modellprozesse von den ursprünglichen konkreten Lebensprozessen abgekoppelt werden, weil aufgrund der großen Zahlen und damit der Mengen, um die es geht, nur noch statistische Aussagen über ganze Bereiche konkreter Gegenstände möglich sind, aber keine Aussagen über einzelne Gegenstände jenseits bloßer Wahrscheinlichkeitsaussagen. Dennoch dienen diese Modelle als Grundlage politischer und ökonomischer Entscheidungen, die direkt auf die konkreten Realitäten Einfluss haben, von der Schaffung oder Vernichtung von Arbeitsplätzen bis hin zu Entscheidungen über den Umgang mit dem Verbrauch natürlicher Ressourcen, dem Klimawandel oder auch der Migration. Wie lange die Glaubensstrukturen der Geld- und Finanzwirtschaft angesichts der tiefgreifenden Krisen der letzten Jahrzehnte noch aufrechterhalten werden können, bleibt daher mehr als fraglich.

DIE GEWALTSAME EROBERUNG DER WELT

Der blinde Fleck der Aufklärung

Wenn man unsere heutige Zeit in einem Satz zusammenfassen müsste, könnte man unter Bezug auf das berühmte Bibelwort versucht sein zu sagen: »Denn wir wissen nicht, was wir tun.« Nicht erst angesichts der Faktenanalyse einer aus den Fugen geratenen Finanzwelt ließe sich das vermuten. Doch es ist in Wirklichkeit genau umgekehrt: Wir wissen leider im Großen und Ganzen ziemlich genau, was wir tun und was passiert – etwa beim Thema Klimawandel.

- Dem Weltklimarat IPCC zufolge ist es zu 95 Prozent sicher, dass der Klimawandel auf menschliche Aktivität zurückzuführen ist.
- Das weltweit wärmste Jahr seit Beginn der Messungen im Jahr 1880 war das Jahr 2016. Die zehn wärmsten Jahre nach Abweichung vom globalen Durchschnitt sind in den vergangenen 21 Jahren gewesen.
- Seit 1995 stieg der CO2-Ausstoß mit kleinen Ausnahmen jährlich an und erreichte im Jahr 2018 36,6 Milliarden Tonnen. Pro Kopf wurden im Jahr 2016 4,8 Tonnen CO2 verbraucht.
- Die Gletscher gehen weltweit zurück. Zwischen 2015 und 2019 betrug der durchschnittliche Massenverlust der Gletscher weltweit 298 Gigatonnen Eis pro Jahr.
- Tropische Stürme wie Zyklone fordern Hunderttausende Menschenopfer (beispielsweise starben 2008 durch den Zyklon Nargis in Myanmar 140 000 Menschen).[61]

Alles dies ist bekannt, und trotzdem lassen diese Informationen die meisten Bürger:innen kalt. Es folgt kein gesellschaftliches Umdenken, das der Dimension der prognostizierten Katastrophe gerecht würde. Warum ist das so? Um diese Frage beantworten zu können, ist es hilfreich, sich eine Veranschaulichung des Biologen John Maynard

Smith vor Augen zu führen: Stellen wir uns die Evolution von den ersten Wirbeltieren bis zum Erscheinen des Menschen als einen Film von zwei Stunden Länge vor, dann taucht der Werkzeug produzierende Mensch darin erst in der letzten Minute auf. Betrachtet man diese letzte Minute, also die Geschichte des Werkzeug produzierenden Menschen, wiederum als einen zweistündigen Film, dann tritt die Domestizierung von Tieren und Pflanzen in der letzten halben Minute ein, und der Zeitraum von der Erfindung der Dampfmaschine bis zur Entdeckung der Atomenergie dauert nur eine Sekunde.[62]

Innerhalb der Naturgeschichte des Menschen nimmt also die Kulturgeschichte nur eine äußerst kurze Zeitspanne ein. In dieser haben einige Entwicklungen stattgefunden, die für unsere heutige Situation entscheidend sind. Solange unser technischer Umgang mit der Welt durch handwerkliche Tätigkeit geprägt war, waren Natur und Kultur durch das praktische Tun miteinander einigermaßen in Einklang gebracht. Es gab ein permanentes Wechselspiel zwischen den Ausführungen von Handlungen und ihrer Repräsentation und damit ihrem Verständnis. Die Natur, die Welt, wie sie ist, und die Kultur, die repräsentierte Welt, waren durch das Handeln der Menschen unmittelbar miteinander verbunden. Es bestand damit zwischen dem Menschen und der Natur auch eine moralisch-ethische Bindung, wie auch die Geschichte des Geldes zeigt.[63]

Das Wort »Geld« stammt vom germanischen Wort »gelt«, das für das Götteropfer steht. Götteropfer fanden erst in sesshaften Gesellschaften statt, die Landwirtschaft betrieben. Die Menschen beglichen damit gegenüber den Gött:innen eine Schuld. Sie opferten ein Haustier, also ein durch ihr Eingreifen entstandenes Leben, als Ausgleich dafür, dass sie mit der Tierzucht, einer kulturellen Handlung, in die von den Gött:innen geschaffene Ordnung eingegriffen hatten. Sie hatten die Natur verändert. Mit dem Opfer erkannte der Mensch die Gött:innen und die von ihnen geschaffene Ordnung jedoch an und bat diese gleichzeitig um die Anerkennung seiner neuen Rolle.

Als die Geldwirtschaft begann, war sie mit dem Problem konfrontiert, wer oder was den Wert des Geldes garantierte. Die Lösung, die die Griechen etwa 600 vor Christus für dieses Problem fanden, bestand darin, die Geldproduktion eng mit der Gemeinschaft der Opfernden zu verbinden. Die Münzen ersetzten das geopferte Tier, ihr Wert bemaß sich symbolisch an dem des Opfers, weshalb sich auf den ersten Münzen Abbilder von Rindern und stilisierte Stierköpfe finden. Die Garantie für den Wert des Geldes gründete demnach in dem religiösen Akt des Opfers. Dies macht deutlich, dass der Mensch sich ursprünglich als Teil einer vorgegebenen Ordnung verstand, die er durch seinen Eingriff in die Natur, die nicht »bloße« Natur war, sondern eine Bedeutung innerhalb dieser Ordnung hatte und zu der er in einer ethisch-moralischen Beziehung stand, störte, wodurch er Schuld auf sich lud. Indem die Geldwirtschaft im religiösen Ritual des Opfers als Kompensation für diese Schuld begründet wurde, bemaß sich der Wert des Geldes nun genau an der Größe des Eingriffs, mit dem der Mensch die Ordnung der Gött:innen störte. Das heißt, durch kulturelle Handlungen (Opferung) wurde versucht, den Einfluss anderer kultureller Handlungen (Viehzucht) im Sinne eines übergeordneten Zusammenhangs auszugleichen.

In der Renaissance wandelte sich dieses Verständnis von Kultur und Natur auf grundlegende Weise, wie sich an dem Gerichtsverfahren auf dem Frontispiz des bereits besprochenen *Iudicium Iovis* von Paulus Niavis, das als Werk über den Bergbau im Erzgebirge Ende des 15. Jahrhunderts in Leipzig erschien, zeigt.[64] Die Schicksalsgöttin Fortuna entscheidet sich darin für den Menschen, mit dem Argument, »mit seiner Tätigkeit würde er zwar alle Konventionen verletzen, aber dies sei seine Bestimmung – zudem zahle er mit Anstrengung und Tod.«[65] Zwar erscheint die Erde noch als Rechtsobjekt, dessen Fall vor Gericht verhandelt und das nicht unhinterfragt ausgebeutet werden kann, da die Erde – in ihrer Rolle als Mutter – auch für das Leben von Tieren und Pflanzen zuständig ist. Doch schon der Hinweis auf Sterben und Tod des Menschen bei der Ausbeutung der Erde verweist auf die eigentlich traditionelle Rolle des Opfers – der Mensch opfert sich für seine Bestimmung.

Damit läutet Fortuna eine neue Epoche ein, die sehr stark von den Fortschritten in den Naturwissenschaften geprägt ist, wobei es sich bei den Denkansätzen der Naturwissenschaft in ihren Konsequenzen nicht nur um rein wissenschaftliche Prozesse handelte, wie an einer Debatte zwischen zweien ihrer Gründerväter, Isaac Newton und Robert Boyle, deutlich wird.

Newton und Boyle hatten im 17. Jahrhundert eine Debatte ausgelöst, die nicht die von ihnen aufgestellten Gesetze wie etwa das Gravitationsgesetz zum Inhalt hatte, sondern das Wesen der Natur selbst.[66] Für die beiden Wissenschaftler war die Natur roh und seelenlos. Religiös gesehen bedeutete dies, dass Gott in einem weit entfernten Außen angesiedelt war und das Universum nur zu Beginn mit einem Stoß in Bewegung gesetzt hatte. Dagegen argumentierten Pantheist:innen wie John Toland, dass Gott und die Natur nicht voneinander trennbar seien, die Natur von einer Spiritualität durchzogen sei. Abstrahiert man von der religiösen Sprache der Zeit, so ging es dieser Gegenbewegung darum, deutlich zu machen, dass die Natur ihre eigene Wertigkeit besitze, dass der Mensch sie nicht einfach nach eigenem Gutdünken ausbeuten dürfe. Die Natur war in diesem Sinne gerade nicht reine Ressource, sondern ein Gegenüber mit normativen Ansprüchen. Dennoch gewannen Newton und Boyle mit ihren metaphysischen Vorstellungen von der Natur diese Auseinandersetzung, passte ihre Weltsicht doch ausgezeichnet zu den mächtigen industriellen und merkantilen Interessen Englands und öffnete sie das Tor zu einer unbegrenzten Ausbeutung der Bodenschätze und damit einem enormen Wirtschaftswachstum.

Infolgedessen war es nach dem 17. Jahrhundert nicht mehr vorstellbar, dass die Mutter Erde vor einem Gericht erschiene, um ihre Interessen zu vertreten. Der kulturschaffende Mensch allein hatte die Akteursrolle übernommen und erschloss sich unter anderem mit den als universal behaupteten Gesetzen der Naturwissenschaften und den auf fossilen Energien beruhenden Technologien in den nächsten Jahrhunderten buchstäblich die Erde. Dabei sind es vor allem zwei Bereiche, die die Logiken dieser kulturellen Entwicklung besonders deutlich vor Augen führen – nämlich die Vermessung der Erde und die Entwicklung der Geldwirtschaft. In beiden Fällen ging es darum, mittels mathematischer Verfahren abstrakte Zeichensysteme zu entwickeln, die es erlauben, Skalierungen vorzunehmen, die weit über den Erfahrungsbereich einzelner Menschen hinausreichen. Im Falle der Vermessung wurde die Erde als Ganzes in einem Rastersystem verfügbar, allerdings unter weitgehender Abstraktion von den konkreten kulturellen, sozialen und auch natürlichen Lebensbedingungen.[67] Im Falle der Geldwirtschaft wurde der Tausch des an materiellen Wert gebundenen Geldes durch den Tausch von Symbolen, letztendlich Zahlen, ersetzt. Damit ermöglichte ein verweltlichter Glaube den Wechsel von der Welt der konkreten Dinge zu Welt der Zahlen, der Mathematik.

Im Zuge dieser mit der Renaissance einsetzenden Umwälzungen begann der Mensch nun nach und nach, die Natur nach seinem Bilde zu formen. So ermöglichte es die neue Technologie der Dampfmaschine, unerwartete »Naturschauspiele« dort hinzuzaubern, wo die Natur selbst nie auf die Idee gekommen wäre,[68] wie bereits Helmuth von Moltke, der spätere preußische Generalfeldmarschall, 1841 bei einem Spaziergang durch den Glienicker Park feststellte. Er war begeistert von den Kaskaden des Wasserfalls, der sich unter der Teufelsbrücke über Felsen ins Tal stürzte, erfreute sich an dem saftigen Grün der Wiesen. Vor allem aber beeindruckte ihn, dass diese geradezu romantische Naturschönheit erst durch den Einsatz der Dampfmaschine entstehen konnte. Diese pumpte das Wasser aus der Havel hoch, um die Sandflächen Brandenburgs in Wiesen zu verwandeln beziehungsweise das Wasser von einem erhöhten Punkt hinabstürzen zu lassen. Der Mensch gestaltete mit der neuen Technologie die Natur. Ja, er schien sogar eine bessere und schönere Natur herstellen zu können, als diese selbst es vermochte.

Der Glienicker Park ist ein gutes Beispiel dafür, wie sich Teile der Eliten Preußens die in England gestartete Industrielle Revolution anzueignen suchten. Prinz Carl hatte den Garten 1824 nach dem Tod von Karl August von Hardenberg erworben. Er ließ sich von dem Landschaftsarchitekten Peter Joseph Lenné, dem Baumeister Karl Friedrich Schinkel und dem Staatsrat Christian Peter Wilhelm Beuth beraten. Sie alle wollten den zivilisatorischen Vorsprung Englands nach Preußen bringen, welcher in der Industrie und Technologie begründet lag. Diese sollten aber nicht einfach adaptiert, sondern in ein eigenes ästhetisches Programm integriert werden,[69] wie sich etwa an einem der Glanzstücke dieser Zusammenarbeit, den Wasserspielen, die Lenné für Sanssouci plante, zeigte. Das Zentrum dieser Wasserspiele bildete ein großes Maschinenhaus, das man aber nicht als solches erkannte, war es doch im orientalischen Stil einer Moschee nachgebildet, deren Minarett als Schornstein diente. Die von August Borsig entwickelte Dampfmaschine stand im sakralen Raum. Mit ihr inszenierte sich der preußische Staat nicht nur als Gestalter der Natur, sondern auch als zweiter Schöpfer. Indem die Technologie die Religion ersetzte, trat der Mensch als Erfinder der Technologie an die Stelle Gottes.

Voraussetzung für diesen Prozess war, dass die ursprüngliche Beziehung zwischen Mensch und Natur, in der der Mensch Empfangender und Gebender war, umgewandelt wurde in getrennte Rollen. Während der Mensch zum Gestalter der Erde avancierte, fiel der Natur die Rolle einer bloßen Ressource zu. Die Transgression vom Lokalen zum Globalen und vom Begrenzten zum Universellen wurde dabei mit den Abstraktionsverfahren der Mathematik bewerkstelligt und gleichzeitig mit einer religiösen Sprache überhöht.

Beispielhaft für die Beschleunigung dieser Entwicklung können drei Bilder des 20. Jahrhunderts stehen:

Der Atompilz: Er verweist auf eine physikalische Kraft, die das gesamte Energieproblem unserer Gesellschaft für lange Zeit zu lösen schien. Gleichzeitig steht er für die Möglichkeit der Vernichtung der ganzen Erde.

Die Erde als Blue Marble: Nach dem Vordringen in alle Bereiche der Erde ermöglichte die Raumfahrt die Entgrenzung ins All und zum ersten Mal den Blick von außen auf die Erde, das heißt ihre sinnliche Erfahrung als Ganzes. Indem der Mensch ins All vordrang, hob er das unzugängliche Außen als Erfahrungskategorie auf. Doch führte die Entgrenzung zugleich die Grenzen vor Augen: auf der einen Seite das Erlebnis der technologischen Macht, auf der anderen Seite die Erfahrung der Verletzlichkeit dieses sinnlich schönen Gebildes. Die technologische Entwicklung der Raumfahrt schuf mit ihren Bildern somit die Grundlage für die Infragestellung eines ungezügelten linearen Wachstumsdenkens und verhalf der Umweltbewegung zugleich zu ihrem Symbol: dem Bild des Blauen Planeten.

Das globale Dorf: Dieses Bild wurde 1962 von Marshall McLuhan geprägt und nahm dabei visionär die Entwicklung der letzten dreißig Jahre vorweg. Nach dieser Vorstellung wächst die Welt durch die elektronische Kommunikation zu einem Dorf zusammen. Der Utopie einer Kommunikation aller mit allen entspricht die Dystopie des orwellschen Überwachungsstaats, an dessen mögliche Realität die Totalüberwachung durch die NSA erinnert.

Es sind nicht zuletzt diese Entwicklungen, die im Verlauf der zweiten Hälfte des 20. Jahrhunderts zur anthropozänen Welt mit all ihren dystopischen Aspekten führten, vom Klimawandel bis zum Artensterben. Doch wie konnte das durchaus utopische Projekt, dass der Mensch sich als Schöpfer einer neuen Erde betätigt, derart entgleisen?

Einen Hinweis zur Beantwortung dieser Frage liefert der Wissenschaftstheoretiker Yehuda Elkana: »The environmental, economic and public health crisis is a causally linked, unintended consequence of the very success of the scientific-technological-economic success of modern times.«[70] Den Wissenschafts-, Technologie- und Ökonomieprozess der letzten zwei Jahrhunderte knapp zusammenfassend, konstatiert Elkana eine große Kluft zwischen den

Zielsetzungen und damit einhergehenden Erfolgen und den nicht intendierten Nebenwirkungen, die zur heutigen Krise geführt haben: Schuf der Mensch eine bestimmte Mobilitätskultur, den individuellen Massenverkehr, mit dem auch weite Strecken überwunden werden können, hatte und hat dieser eine Steigerung des CO2-Ausstoßes zur Folge, mit erheblichen Auswirkungen auf das Klima. Schuf er eine bestimmte Verpackungs- und Transportkultur, die zuvor schwer zugängliche Produkte bereitstellt, hinterlässt diese riesige Plastikmengen in den Weltmeeren – an die Stelle von Naturprodukten traten chemische Produkte, die als nicht oder schwer regenerierbare Materialien in der Erde lagern, ganz zu schweigen von der Nuklearenergie und ihren Folgen.

Eine Antwort auf die Frage lautet dann, dass die Nebenfolgen genau in dem Leidensaspekt, dem Aspekt des Empfangens, bestehen, der durch die einseitige Betonung der Akteursrolle des Menschen ausgeblendet wurde. Insofern liegen die dystopischen Momente im Herzen des westlichen Aufklärungsprojekts selbst, war es diesem doch ein wesentliches Ziel, den Menschen aus überwindbaren Sachzwängen und autoritären politischen Machtstrukturen zu befreien. Das Instrument zur Befreiung von den Zwängen der Natur sollten die Wissenschaften, dasjenige der politischen Befreiung der liberale Verfassungsstaat sein, doch zeitigten gerade diese Instrumente toxische Nebenwirkungen. War es, wie im Anthropos-Kapitel gezeigt wird, nämlich der liberale Verfassungsstaat, der durch den Besitzbegriff Ungleichheit erzeugte, erlaubten es die Wissenschaften mit der dazugehörigen Technik dem Menschen zwar, sich zunehmend aus seinem Naturzusammenhang zu lösen. Doch da die relationale Beziehung zu den anderen Menschen wie zur Natur nichtsdestotrotz konstitutiv für sein Wissen, Gestalten und Leben geblieben ist, kann der Mensch sich den Nebenfolgen seines Tuns nicht gänzlich entziehen, wie sich am Beispiel des Ackerbaus verdeutlichen lässt: Wenn der Mensch die Erde beackert, so wirkt er dabei auf die Erde ein; er kann das aber nicht nach Belieben tun. Deshalb berücksichtigt ein erfahrener Bauer sowohl Wetterbedingungen als auch

Zeitzyklen beim Bepflanzen. Er nimmt buchstäblich Rücksicht, versteht sich nicht nur als Akteur, sondern auch als Leidender, der vom Boden abhängig ist. Wenn der Boden zur bloßen Ressource degradiert und nach Belieben mit chemischen Mitteln bearbeitet wird, wird die Akteursrolle verabsolutiert und der Leidensaspekt der Handlungen außer Kraft gesetzt[71] – den nicht intendierten negativen Konsequenzen seines Tuns, das heißt des Leidensaspekts seines Tuns, kann sich der Mensch aber nicht entziehen – sie treffen ihn zeitversetzt wie ein Bumerang.

Es kommt also darauf an, aus der Einsicht in die Kontingenz des menschlichen Wissens eine neue Sensibilität für das *Eingebettetsein* des Menschen in Natur- und Gesellschaftszusammenhänge zu entwickeln. Dies kann aber nur in überschaubaren Einheiten gelingen. Eine *Deskalierung* ist dafür notwendig: Sinn- und Bedeutungszusammenhänge können nur in kleineren Gruppen verstanden und umgesetzt werden, nicht auf der Ebene der Spezies Mensch, die bisher als Hauptakteur des Anthropozäns postuliert wird.[72] Und genauso wenig kann die Erde als Ganzes der Bezugsrahmen sein, in dem Menschen relationale Beziehungen zu ihrer Umwelt entwickeln. Das Denkmodell des Anthropozäns, und das ist seine normative Implikation, sollte darauf aufmerksam machen, dass menschliches Tun wieder an menschliches Maß rückgebunden werden muss. Dabei geht es darum, die mittels mathematischer Abstraktion immer größer gewordenen Skalierungssprünge wieder auf ein begreifbares Maß zu reduzieren, um der mit ihnen einhergehenden permanenten Überforderung entgegenzutreten und den Menschen wieder handlungsfähig zu machen. Und es geht darum, der Machbarkeitsideologie Einhalt zu gebieten, damit sie nicht länger die Sensibilität für die Welt der Objekte und Tiere abtötet.

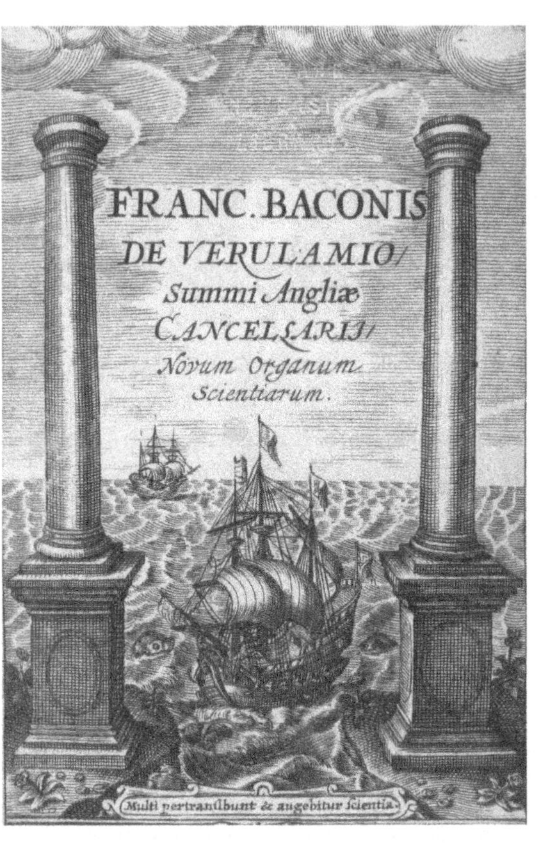
FRANC. BACONIS
DE VERULAMIO,
Summi Angliæ
CANCELLARII,
Novum Organum
Scientiarum.
Multi pertransibunt & augebitur scientia.

Wer ist der Anthropos des Anthropozäns?

Demografische Entwicklungen spielen eine grundlegende Rolle bei der Ausweitung menschlichen Tuns und Einwirkens auf den Planeten. Lebten vor fünfhundert Jahren ca. fünfhundert Millionen Menschen auf dem Planeten, waren es um 1800 bereits eine Milliarde. Heute liegt die Bevölkerungszahl bei weit über sieben Milliarden Menschen. Dieses exponentielle Bevölkerungswachstum hat zu einer nahezu flächendeckenden menschlichen Durchdringung der bestehenden Ökosysteme geführt. Obwohl diese Entwicklung keinem intentionalen Plan folgte, und in diesem Sinne als ein natürlicher Prozess verstanden werden kann, verdankt sie sich einer Reihe kultureller Faktoren. Diese Faktoren gehen zurück auf kulturelle und geopolitische Entwicklungen, die sich während der früheren Phasen des Neolithikums auszubilden begannen, aber seit dem 15. und 16. Jahrhundert zur eigentlichen Triebkraft der im engeren Sinne des Wortes anthropozänen Entwicklungen des 20. Jahrhunderts wurden. Die eigentliche anthropozäne Transformation des Planeten durch den Menschen verdankt sich nämlich nicht einer natürlichen Entwicklung der Spezies Mensch, sondern liegt wesentlich in der Verantwortung ganz bestimmter historischer Akteur:innen.

Ein Frontispiz aus dem Jahre 1620 zeigt den Blick durch die Meerenge von Gibraltar. Zu sehen sind zwei Schiffe, die mit vollen Segeln aufs offene Meer zusteuern. Eines hat gerade die Meerenge passiert, das andere entschwindet bereits in Richtung Horizont. Die Schiffe brechen auf in die »Neue Welt«. Es sind etwas mehr als hundert Jahre vergangen, seit Christoph Kolumbus in den Amerikas gelandet war und von dieser Reise in seinem berühmten Brief an Luis de Santángel wie folgt berichtet hatte:

> Daraus werdet Ihr ersehen können, dass ich mit der Flotte, die mir der König und die Königin, unsere erlauchtesten Herrschaften, gegeben haben, in dreiunddreißig Tagen von den Kanarischen Inseln nach Indien gelangte, wo ich sehr viele Inseln fand, die von zahllosen Menschen bewohnt sind; und von ihnen allen habe ich durch Proklamation und mit entfaltetem königlichem Banner für Ihre Hoheiten Besitz ergriffen und mir wurde nicht widersprochen. Der ersten [Insel], die ich fand, gab ich den Namen ›San Salvador‹, zum Gedenken an die Allerhöchste Majestät, die wunderbarerweise alles gestiftet hat; die Indianer nennen sie ›Guanahaní‹; die zweite nannte ich ›Isla de Santa María de Concepcíon‹; die dritte ›Fernandina‹; die vierte ›Isabella‹; die fünfte ›Isla Juana‹, und so gab ich jeder einen neuen Namen.[73]

Mit dieser formelhaften Inbesitznahme einiger Inseln im Jahre 1492 initiierte Kolumbus einen Prozess der gewaltsamen Eroberung der Amerikas durch Europäer:innen, dem der Großteil der achtzig Millionen Menschen, die zu Zeiten von Kolumbus' Ankunft dort lebten, zum Opfer fiel. Millionen Menschen aus der indigenen Bevölkerung starben in Kriegen, aufgrund unmenschlicher Behandlung oder an Epidemien, die aus der alten Welt eingeschleppt worden waren.[74] Mitte des 16. Jahrhunderts hatten gerade einmal zehn Millionen überlebt. Auf die Eroberung folgte der Aufbau eines Handelssystems zwischen Europa, Afrika und den Amerikas: Schiffe, wie sie auf unserem Frontispiz zu sehen sind, transportierten Sklaven von Afrika in die Amerikas und kehrten von dort mit Rohstoffen, Naturerzeugnissen und Kulturschätzen nach Europa zurück. Die auf Sklaverei beruhende Plantagenwirtschaft und die neuen Formen des globalen Warenaustauschs etablierten ein neuartiges Unternehmertum und führten zu einer Kapitalakkumulation, die zur Grundlage des europäischen Reichtums wurde. Dieser wiederum ermöglichte den Warenhandel mit teuren Seidenstoffen und Keramiken aus Asien.

Aus der zitierten Passage von Kolumbus sticht ein Satz hervor: »und von ihnen allen habe ich durch Proklamation und mit entfaltetem königlichem Banner für Ihre Hoheiten Besitz ergriffen und mir wurde nicht widersprochen.« Zunächst könnte der zweite Teil des Satzes so wirken, als wäre Kolumbus tatsächlich überrascht gewesen, dass kein Einspruch gegen die Inbesitznahme erhoben wurde. Führt man sich aber die ganze Szene vor Augen, die Proklamation und die Entfaltung des königlichen Banners, dann wird klar, dass es sich um eine hochformalisierte Handlung handelte, deren Bedeutung die Einheimischen gar nicht nachvollziehen konnten. Kolumbus' Akt referierte auf einen rechtlichen Rahmen, den er unmittelbar von Europa auf die »Neue Welt« übertrug. Das Nichtwidersprechen der indigenen Bevölkerung war demnach weniger eine echte Zustimmung, wie die Passage suggerieren könnte, als vielmehr Ausdruck des Nichtverstehens des formalen Akts.

Für Kolumbus spielte dies jedoch keine Rolle, da der wirkliche Adressat dieser Handlung nicht die Bevölkerung der Inseln war, sondern andere europäische Staaten. Diesen sollte vermittelt werden, dass Kolumbus das Land für die spanische Krone, die ihn bezahlt hatte, in Besitz genommen hatte.[75] Demgegenüber stellte die angetroffene Bevölkerung für Kolumbus keinen wirklichen Verhandlungspartner dar. Die dort lebenden Menschen waren für ihn Teil der Landschaft. Noch nicht einmal eigene kulturelle Ausdrucksformen konnte er bei ihnen erkennen: »Diese Leute sind sehr fügsam und schüchtern und, wie ich bereits erwähnt habe, vollkommen nackt. Sie kennen weder Waffen noch Gesetze« (4.11.1492). »Sie haben keine Religion und treiben nicht einmal Götzendienst« (27.11.1492).[76] Immer wieder betonte Kolumbus die Nacktheit der einheimischen Bevölkerung und damit ihre Zugehörigkeit zur Natur, sodass es sich aus seiner Sicht eigentlich um die Inbesitznahme einer unbewohnten Welt handelte, einer *terra nullius*.

Aber kommen wir zurück zum Frontispiz. An der Meerenge von Gibraltar, durch die wir die Schiffe beobachten können, ragen zwei Säulen in den Himmel. Diese scheinbar funktionslosen, da nichts tragenden Säulen sind die Säulen des Herkules. Mit diesen Säulen verweist das Bild auf einen Mythos aus Homers *Odyssee*, den Dante in der *Divina Commedia* aufgegriffen hat. In Homers *Odyssee* kehrt der Held nach vielen Herausforderungen und Abenteuern schließlich nach Hause zurück. Hier setzt Dante in der *Divina Commedia* an und lässt den Seher Teíresias Odysseus eine weitere Reise vorhersagen.[77] Diese wird bei Dante eine Reise an das Ende der damaligen Welt – zu den Säulen des Herkules, die in der mediterranen Antike die Grenze der damaligen Welt markierten und wo sich Odysseus' Gefährten weigern, weiterzufahren und ins Ungewisse vorzustoßen. Diese Neugierde, die Dantes Odysseus antreibt, die Grenzen des Bekannten zu überschreiten, endet in der Katastrophe.

Es ist genau dieses Streben nach neuem, die bestehenden Grenzen überwindendem Wissen, und damit die Entwicklung neuer Zeichensysteme, welches Francis Bacon im Jahre 1620 dazu motivierte, das beschriebene Frontispiz seinem *Novum Organum Scientiarum* voranzustellen. War es doch das Ziel des *Novum Organum*, das begrenzte Wissen des Mittelalters hinter sich zu lassen und das Buchwissen durch Erfahrungswissen zu ersetzen. Das Werk, dessen Titel auf das *Organon* des Aristoteles anspielt, sollte das Instrumentarium zur Erschließung neuer Wissenswelten zur Verfügung stellen. Darauf verweist auch die Bildunterschrift »Multi pertransibunt & augebitur scientia« (Viele werden hindurchfahren, und die Erkenntnisse der Wissenschaft werden sich vermehren). Ging es in Homers *Odyssee* noch darum, dass der Held sicher nach Hause kommt, so ging es jetzt um den Aufbruch in neue Welten, die neues Wissen versprechen. Ziel war die große Erneuerung der Wissenschaft, die »Instauratio magna«, die sich der Verfasser des Buches »Francis von Verulam, oberster englischer Kanzler«, auf die Fahne geschrieben hatte. War der Wissensraum der Antike durch das Ende der alten Welt an den Säulen des Herkules noch klar eingegrenzt, so stellte nun der Horizont den äußersten Bezugspunkt der neuen Wissenssuche dar, wobei sich dieser jedoch permanent mit der Position des Wissenssuchenden neu verschob.

Insofern verweist das Frontispiz des *Novum Organum* sowohl auf die politischen und ökonomischen Eroberungs- wie auf die neuen Wissensprozesse, die das Verständnis von der materiellen wie der sozialen Welt grundlegend veränderten. Aber auch die sozialen und materiellen Veränderungen transformierten den Charakter des Wissens und Denkens, verdankten sich doch bereits die Reise des Kolumbus und die anschließenden Eroberungen neuen Formen des Wissens und neuen Technologien – von der Druckerpresse über das Schießpulver bis hin zur Navigation mittels Kompass. Dabei macht das Wort Technologie, verweisend auf *techné* und *logos*, bereits darauf aufmerksam, dass sich darin Handlungsweisen und Zeichen aufs Engste miteinander verbinden. Dadurch entstanden auch neue Formen von Zeichensystemen, wie zum Beispiel das gedruckte Buch, Weltkarten oder auch das Vertragswesen, mit dessen Hilfe Prozesse eingefroren, aber auch neue Einheiten geschaffen werden konnten.

Für Bacon hatte die Entgrenzung des Wissens zur Voraussetzung, dass es sich der Fesseln des religiösen Weltbildes des Mittelalters entledigte. Diese Befreiung wiederum hatte zur Folge, dass das Wissen eine neue Fundierung benötigte. Dieser Aufgabe widmeten sich dann die Philosophen der Aufklärung von Descartes bis Kant, indem sie die Begründung des Wissens in der menschlichen Vernunft selbst ansiedelten. Bei der Verlagerung der Wissens- und Denkprozesse aus dem religiösen in den weltlichen Bereich blieb jedoch ein Aspekt der transzendenten Ausrichtung des religiösen Denkens erhalten, nämlich eine bestimmte Form des Universalismusanspruchs. Dieser führte dazu, dass die gewaltsame europäische Kolonisierung der Welt sich nicht nur einer Entgrenzung des Wissens verdankte, sondern sich darüber hinaus als ein Zivilisationsprojekt gerechtfertigt sah, welches das in Europa entwickelte universelle Vernunftprojekt in der Welt verbreiten sollte.

Um die volle Tragweite dieses globalen Projektes zu verstehen, das eine soziale wie materielle Transformation der Erde von nie gekanntem Ausmaß zur Folge hatte, soll es im Folgenden darum gehen, das Zusammenspiel der Wissens- und Denkprozesse mit den sozialen und materiellen Transformationen in den Blick zu nehmen. Dabei wird deutlich werden, in welcher Weise das europäische Zivilisationsprojekt, das sich die Emanzipation des Menschen von religiöser ebenso wie von weltlicher Unterdrückung auf die Fahnen geschrieben hatte, eine Umgestaltung der Welt in Gang brachte, die letztlich auf der Ausbeutung von Menschen und Natur beruhte.

Als Laboratorium all dieser Entwicklungen kann die Karibik gelten. Sie liegt im Zentrum des Dreiecks, das von den Amerikas, von Afrika und Europa gebildet wird. Dort, wo der Archipel der karibischen Inseln aus dem Wasser ragt, treffen geologisch gesehen die karibische Platte und die nordamerikanische Platte aufeinander. Aufgrund der tektonischen Aktivitäten an den Plattengrenzen kommt es immer wieder zu Erdbeben und Vulkanausbrüchen. Scheinbar an der Peripherie der Welt gelegen, wurde die Inselgruppe durch die Europäer:innen in ein Epizentrum der Moderne verwandelt.[78]

Zunächst wurden die Ureinwohner:innen durch Mord und Siechtum weitgehend ausgelöscht. Gleichzeitig wurde die Natur zu einer Monokultur zugerichtet, die die Grundlage für die Plantagenwirtschaft bildete. Diese wiederum erzeugte den Reichtum für die aus Europa kommenden Siedler:innen und ihre europäischen Handelspartner:innen. Aufgrund des hier generierten Kapitals und der für den Export bestimmten Rohstoffe wurde die Karibik zu einem zentralen Schauplatz einer sich dynamisch entwickelnden Weltwirtschaft. Arbeitskräfte aus Indien und China wurden in die Karibik verbracht und dort angesiedelt, während die wesentliche Arbeit auf den Plantagen von Sklav:innen bestritten wurde, die gewaltsam aus Afrika auf die Inseln verschleppt worden waren.

In der Folge dieser Entwicklungen entstanden im 19. und 20. Jahrhundert auf den karibischen Inseln Gesellschaften, die aus den unterschiedlichsten, aus aller Welt stammenden Bevölkerungsgruppen zusammengesetzt und von ihren Traditionen weitgehend abgeschnitten waren. Wie Derek Walcott es beschreibt, blieben ihnen von ihren Traditionen nur »Fragmente und Echos wirklicher Völker, aus zweiter Hand und zerfallen«, Ruinen aus einer fernen Welt.[79] Es war für die Neuankömmlinge eine in jeder Hinsicht disruptive Erfahrung, in der sie aus den Fragmenten ihrer Kulturen und aus der Erfahrung der Unterdrückung durch die europäische Minderheit eigene, widerständige Codes entwickelten, die zu neuen Ausdrucksformen, vor allem im Tanz und in der Musik, führten. Im 20. Jahrhundert eroberten diese Formen dann in Gestalt von Salsa und Merengue zunächst die Tanzsäle New Yorks sowie der Südstaaten der USA und dann auch die anderer Weltteile, während mit New Orleans als Verstärker die karibische Musik die Weltmusik zu prägen begann.

Die Karibik als ein Labor der Moderne war also durch mehrere Faktoren gekennzeichnet: Erstens eine Plantagenwirtschaft, in der die Natur als reine Ressource betrachtet wurde, die es aber gleichzeitig ermöglichte, eine bedeutende Rolle im globalen Handelssystem zu spielen. Zweitens Gesellschaften, deren Mitglieder ihrer kulturellen Wurzeln beraubt wurden und deren große Mehrheit als Sklav:innen und billige Arbeitskräfte durch eine europäische Oberschicht ausgebeutet wurde. Und drittens die Entwicklung eigener kultureller Ausdrucksformen des Widerstands und der Selbstbehauptung, die im 20. Jahrhundert eine globale Wirkmacht entfalteten.

Die Verflechtung des europäischen Vernunftprojekts mit der gesellschaftlichen, politischen und ökonomischen Realität trat in einem historischen Moment besonders sichtbar zutage: nämlich in jenem Moment, in dem die Sklav:innen, auf deren Arbeitskraft die Plantagenwirtschaft und damit die ökonomische Bedeutung der Inseln für die Weltwirtschaft gründete, in die Freiheit entlassen wurden. In einem Schreiben vom 31. März 1848 wandte sich der »Provisorische Direktor der Republik Frankreichs für Innere Angelegenheiten«, Louis Thomas Husson, selbst Sklavenhalter in Martinique, an die Sklaven, um ihnen die Botschaft ihrer Befreiung zu übermitteln.[80] Er adressiert darin die Sklav:innen mit »Meine Freunde« und berichtet dann, dass er mit dem Dampfschiff aus

Frankreich gekommen sei, um ihnen möglichst schnell die gute Nachricht zu überbringen: »Die Freiheit kommt!« Er und einige andere Sklavenhalter, so fährt er fort, hätten in Paris durchgesetzt, dass die Republik »Euch alle zusammen frei[kauft]«. Die freudige Nachricht wird begleitet von der Ermunterung »Nur Mut, meine Kinder, Ihr habt sie verdient.«

Diese Eröffnungspassage des Briefes ist in mehrfacher Hinsicht bemerkenswert. Die Freiheit kommt aus dem fernen Paris auf die Karibikinsel. Sie wird überreicht wie ein Geschenk, also wie ein Objekt, und der Schenkende ist der ehemalige Sklavenhalter. Dabei offenbart der Ausdruck »meine Kinder« bereits die gesamte Asymmetrie der Beziehung: Hier sprechen nicht Gleichberechtigte zueinander, sondern die Person, die Macht hat, überreicht der untergebenen Person das Geschenk der Freiheit.

Die eigentliche Sprengkraft dieses Briefes liegt aber nicht darin, dass er die Haltung eines Sklavenhalters zum Ausdruck bringt, sondern dass dieser mit einem Freiheitsbegriff und Menschenbild operiert, die im europäischen Aufklärungsprojekt selbst mit angelegt waren. Der Freiheitsbegriff leitet sich aus dem Vernunftprojekt der Aufklärung ab, die, wie bereits erwähnt, den Menschen aus den Zwängen religiöser wie weltlicher Herrschaft zu befreien suchte. Dabei ist immer die Rede von *dem* beziehungsweise *den* »Menschen«, verstand sich das Aufklärungsprojekt doch von Anfang an als universales Projekt. Es lag daher auch nahe, dass die Fähigkeit der menschlichen Vernunft, die Welt einzuteilen und zu kategorisieren, auf die Bestimmung dessen, was der Mensch sei, selbst angewandt werden konnte. Dabei rekurrierte man auf die seit der Antike von Platon und Aristoteles verwendeten Bestimmungen des Menschen – wahlweise als ein vernünftiges Wesen, »animal rationale«, oder als ein gemeinschaftsbildendes Wesen, »animal sociale«. In der Orientierung an den Naturwissenschaften, die im 17. und 18. Jahrhundert ihren Siegeszug antraten, setzte sich dabei ein Verständnis dieser Bestimmungen als beschreibende Charakterisierung der natürlichen Ausstattung des Menschen durch.[81] Verloren ging im Zuge dessen jedoch das in der Antike vorhandene Verständnis der Selbstentdeckung und Selbsterfindung des Menschen, der sich, im Sinne einer praktischen Vernunft, in gemeinsamen praktischen Interaktionen austauscht *(animal sociale)* und diese durch Distanznahme, im Sinne der theoretischen Vernunft, begreift *(animal rationale)*. Die Vernunft stellte demnach keine natürliche Eigenschaft dar, die dem Menschen zukommt, sondern die Artikulation bestimmter Aspekte menschlichen Handelns, die von den an der Interaktion Beteiligten realisiert (praktischer Aspekt) beziehungsweise sich gegenseitig zugeschrieben wurden (theoretischer Aspekt). Es ist dieses Unterscheidungen-treffen-und-sich-gegenseitig-Zuschreiben, das Platon in seinen sokratischen Dialogen vorführte: »Logos« im Sinne von Vernunft ist der »Vollzug von Unterscheidungen und deren Beurteilungen und nicht der Besitz einer Anlage dazu«.[82] Vernunft ist also nicht eine Eigenschaft, die jemand haben kann, sondern sie muss sich immer von Neuem in Handlungszusammenhängen realisieren.

Das heißt aber auch, dass mit der Entdeckung der Vernunft in der Antike kein neuer Gegenstandsbereich neben der Natur entstanden war, nämlich der der Kultur, sondern mit der Vernunft lediglich die menschliche Selbstständigkeit markiert wurde, unterschiedliche Perspektiven gegenüber den Gegenständen einnehmen zu können.[83] In dieser Rolle konnten dann innerhalb der sokratischen Dialoge die Diskussionspartner durchaus Gründe und Gegengründe für die Unterscheidung von Physis und Nomos anführen, deren Trennung stets erst handelnd und begründend hergestellt werden musste.

Es war dann der Verlust dieses antiken Verständnisses von Vernunft als sich im handelnden Vollzug zwischen Menschen entfaltender Prozess, der zu Beginn der Neuzeit bei Descartes dazu führte, sie als eigene Substanz zu behandeln. Als *res cogitans* wurde der Vollzugscharakter der Vernunft zu einem eigenen Gegenstandsbereich eingefroren, worin sich die Existenz des Subjekts durch das »cogito ergo sum« gründete.[84] Zwar stand der *res cogitans* noch die *res extensa* gegenüber, aber für das Denken, das das Wesen des Menschen ausmachte, brauchte es laut Descartes keine Körper – die Beziehung zur Welt der Körper musste durch Gott hergestellt werden. Auch andere Menschen benötigte das Denken Descartes zufolge nicht, entfaltete es sich im denkenden Subjekt doch als monologischer Prozess. Damit beraubte Descartes den Vernunftprozess seiner Verankerung in konkreten sozialen wie auch materiellen Bezügen. Das hatte zur Folge, dass der Bereich der Zeichen, in dem sich die Vernunft artikulierte, losgelöst wurde vom Bereich der Gegenstände und materiellen Prozesse. Das Vorbild dafür war die Mathematik, wo durch die euklidische Geometrie ja bereits eine eigene konsistente Zeichenwelt zur Verfügung stand, die dann zur Strukturierung der realen Welt herangezogen wurde.[85]

In der Folgezeit prägten Descartes' Dualismus zwischen den beiden Gegenstandsbereichen von *res cogitans* und *res extensa* sowie sein monologischer Ansatz den philosophischen Diskurs über die Doppelnatur des Menschen: So waren beispielsweise für Hobbes die Erscheinungen des Bewusstseins erforschbare Gegenstände im Sinne der Naturwissenschaften, die für ihn zum Paradigma des Forschens selbst wurden. Beziehungen zwischen diesen mentalen Gegenständen ließen sich gewissermaßen als Ursache-Wirkungsketten beschreiben,[86] wobei rationale Erkenntnis für Hobbes wesentlich im Addieren und Subtrahieren bestand.[87] Die Vergegenständlichung der mentalen Tätigkeiten führte bei ihm so zu einer Theorie des Menschen als Teil einer verallgemeinernden Physik.[88]

Bei Kant wiederum führte der Dualismus von Descartes zur Unterscheidung eines Reichs der Natur, der Sinnenwelt, und eines Reichs der Freiheit, der Vernunftwelt. Der Mensch, so Kant, gehöre beiden Welten an: Als empirisches Individuum sei er ein »Sinnenwesen«, als Wesen, das von seiner Vernunft Gebrauch mache, gehöre er zur sittlichen Gattung der »Menschheit« und sei ein »Vernunftwesen«.[89] Als Sinnenwesen sei der Mensch den empirischen Gesetzen der Natur unterworfen. In diesem Bereich der konkreten Erfahrungen, dem Bereich des historischen Individuums, gebe es keine Freiheit – hier herrschten die Gesetze der Kausalität.

Freiheit komme nach Kant dem Menschen nur als Vernunftwesen zu, das sich seine eigenen Gesetze gebe, aber der konkreten Zeitlichkeit enthoben sei.[90] Das Vernünftigsein eines konkreten Menschen und auch die damit verbundene Freiheit können deshalb gar nicht erkannt werden, das heißt, die Vernunft und damit die Selbstbestimmung des Menschen sind ihm zufolge nicht empirisch erfahrbar, sie artikulieren sich nicht in Handlungen und Sprachhandlungen konkreter historischer Subjekte. Vielmehr treten sie als Postulat des monologisierenden Philosophen auf.

Es war nun dieses vorwissenbehaftete Freiheitsversprechen als Teil des Vernunftprojektes europäischer Aufklärung, das Louis Thomas Husson 1848 als Geschenk den Sklav:innen der karibischen Inseln überbrachte. Es ist ein Projekt, bei dem die Vernunft als eigener Gegenstandsbereich objektiviert wurde, weshalb Freiheit auch als Geschenk überreicht werden konnte. Es ist ein Projekt, das von europäischen Philosophen in monologischer Form entwickelt wurde, weshalb der Sklavenbesitzer es auch einfach proklamieren konnte. Es ist ein universales Projekt, das jeglichen historischen Kontexts entkleidet war. Deshalb musste es auch nicht erst in der Auseinandersetzung mit der konkreten historischen Situation unter Einbezug aller Akteur:innen entwickelt werden – sowohl die ausgeübte Gewalt wie die fortbestehende Machtasymmetrie zwischen dem Plantagenbesitzer und den »befreiten« Sklav:innen konnten ausgeblendet werden. Die Freiheit ließ sich als Teil des Vernunftprojektes von oben verordnen. Und weil dies so war, teilten die ehemaligen Sklavenhalter den befreiten Sklav:innen gleich mit, wie sie sich die Freiheit vorstellten:

> Ihr habt doch verstanden, dass die Freiheit nicht das Recht ist zu vagabundieren, sondern für sich selbst zu arbeiten. Das könnt ihr jetzt unter Beweis stellen. In Frankreich arbeiten alle freien Leute noch mehr als Ihr, die Ihr Sklaven seid, und doch sind die viel unglücklicher als Ihr, denn dort ist das Leben härter. / Meine Freunde, hört auf die Anweisungen Eurer Herren und zeigt damit, dass Ihr wohl wisst, es steht nicht jedem an, zu befehlen. [...] Eure Feinde sind die Nichtstuer. Ihnen soll nur ein Satz gelten: Geht an die Arbeit, lasst uns beweisen, dass wir der Freiheit würdig sind.[91]

Mit diesen Zeilen machte der Provisorische Direktor der Republik Frankreichs für Innere Angelegenheiten klar, dass mit der Freiheit nicht eine soziale Gleichheit auf der Karibikinsel eingeführt werden, vielmehr die bestehende Ungleichheit erhalten bleiben sollte. Gleichzeitig definierte er die neue Rolle der ehemaligen Sklav:innen über die Arbeit: Die Herren erwarteten, dass die Befreiten zwar nicht mehr sich als Personen, dafür aber ihre Arbeit in die neue Beziehung zu den Herren einbringen würden. Damit knüpfte Louis Thomas Husson in seinem Brief an die Gesellschaftstheorie von John Locke an, der als ein Gründungsvater des modernen Liberalismus gilt und wesentlich die amerikanische und französische Verfassung mit beeinflusst hat.

John Locke entwickelte in seinem Werk *Zwei Abhandlungen über die Regierung*, erschienen 1689, also beinahe siebzig Jahre nach Bacons *Novum Organum* und hundert Jahre vor der Französischen Revolution, das Modell einer bürgerlichen Gesellschaft, das von der Gleichheit aller ausgeht, aber in eine von Ungleichheit geprägte Gesellschaft mündet, die von Locke argumentativ legitimiert wird.[92] Der historische Bezugspunkt von Lockes philosophischer Argumentation – in deren Zentrum die Begriffe »Freiheit«, »Besitz« und Arbeit« stehen – war das England des 17. Jahrhunderts, eine Gesellschaft, die sich im Übergang von einem feudalen Ständestaat zu einer marktgetriebenen Bürgergesellschaft befand.

Lockes Argument beginnt mit dem Hinweis, dass Gott die Erde allen gegeben habe: »[E]s ist auf jeden Fall klar, daß Gott, wie König *David* in *Psalm* 115,16 sagt, *die Erde den Menschenkindern gegeben hat*, und daß er sie den Menschen gemeinsam gegeben hat.«[93] Die Erde mit allem, was sie an Früchten hervorbringt, und mit den Tieren, die auf ihr leben, stehe zunächst allen gleichermaßen zur Verfügung. Es müsse aber für den Einzelnen einen Weg geben, sich die Gaben der Erde »irgendwie *anzueignen*, bevor sie dem einzelnen Menschen von irgendwelchem Wert oder überhaupt nützlich sein können.«[94] Dies geschehe nach Locke durch die Arbeit. Durch seine Arbeit mit und an den Produkten der Erde würden diese zum Besitz des Einzelnen. Denn jeder Mensch sei Besitzer seiner eigenen Person und seine Arbeit Teil dieses Besitzes: »[S]o hat doch jeder Mensch ein *Eigentum* an seiner eigenen *Person*. [...] Die *Arbeit* seines Körpers und das *Werk* seiner Hände sind, so können wir sagen, im eigentlichen Sinne sein Eigentum.«[95]

Die Grundeinheit von Lockes Gesellschaft ist also der Besitz, mit der Pointe, dass jeder durch den Besitz an seiner eigenen Person an der Gesellschaft teilhat. Diese Grundkonstruktion ermöglichte es Locke, die Beziehungen in seinem Gesellschaftsmodell als Marktbeziehungen zu bestimmen: Die erste Form der Aneignung, des In-Besitz-Bringens, geschieht durch Arbeit. Dies gilt für die Produkte der Erde, aber auch für das Land selbst. Jeder, der durch Arbeit die Natur und das Land transformiert, macht aus der Natur etwas Höherwertiges – in dieser Phase der Gesellschaft ist es demnach vor allem die Arbeit, die Werte schafft. In diesem Sinne realisiert jeder, der sich durch Arbeit Produkte der Erde aneignet, den Auftrag Gottes: »Macht Euch die Erde untertan!«[96] Dieser Aneignungsprozess unterliegt zwei Bedingungen: Jeder darf nur so viel für sich beanspruchen, wie er braucht, sodass nichts verdirbt oder verloren geht,[97] und es darf kein Schaden für andere entstehen.[98]

Die Wertschaffung mittels Arbeit ändert sich durch die Einführung von Geld in die Gesellschaft. Zunächst hat Geld die Eigenschaft, dass es nicht verdirbt und deshalb auch, laut Locke, gehortet werden kann.[99] Wenn eine Gesellschaft beschließt, Geld einzuführen, beginnt sie sich grundlegend zu ändern. Die Existenz von Geld ermöglicht es dem Einzelnen, mehr zu arbeiten, als er für sich und seine Familie benötigt, und den Überschuss in Geld zu wechseln. Mit dem so eingenommenen Geld kann er wiederum arbeiten, indem er noch mehr Land erwirbt etc. Die Existenz des Geldes wird also zum Treiber der Ungleichheit in der Gesellschaft.

Da für Locke als Merkantilisten die Wertsteigerung in der Gesamtgesellschaft im Vordergrund stand, argumentierte er, dass so viel Land wie möglich durch Bearbeitung an Wert gewinnen solle. Jede Form der Inbesitznahme trage zur Wertsteigerung in der Gesamtgesellschaft bei, da durch menschliche Arbeit der Wert von Natur oder einem natürlichen Produkt immer steige. Und jeder Einzelne partizipiere dann nach Locke, der hier ein dem »trickle-down effect« vergleichbares Argument benutzt, zumindest mittelbar an dieser Wertsteigerung.[100] Dies sei auch der Grund, warum alle mit der Einführung des Geldes einverstanden seien und die Ungleichheiten in der Gesellschaft akzeptierten – wobei Locke voraussetzte, dass trotz der Ungleichheit jeder das erhalte, was er zum Leben brauche. Denn demjenigen, wer in dieser auf Ungleichheit beruhenden Gesellschaft kein Land besitze, weil andere mithilfe des Geldes sich das zur Verfügung stehende Land bereits angeeignet hätten, dem verbleibe ein wesentlicher Besitz, nämlich, wie bereits angemerkt: »Die *Arbeit* seines Körpers und das *Werk* seiner Hände sind, so können wir sagen, im eigentlichen Sinne sein Eigentum«.[101] Er kann nun diesen Besitz in die Marktbeziehung zu einem Wohlhabenden einbringen, indem er seine Arbeit an diesen veräußert. Es handelt sich dann um eine »Herr-Knecht«-Beziehung, die per Vertrag auf Zeit geschlossen wird, während derer ein freier Mensch seine Arbeit an einen Herrn für einen bestimmten Lohn verkauft.

> Die Bezeichnungen *Herr* und *Knecht* sind so alt wie die Geschichte selbst. So wurden aber nur Menschen genannt, die unter sehr verschiedenen Bedingungen lebten. Ein freier Mensch macht sich dadurch zum Knecht eines anderen, wenn er ihm gegen Lohn für eine gewisse Zeit seine Dienste verkauft, die er dann verrichtet. Obwohl ihn dies in der Regel in die Familie des Herrn und unter die dort übliche Zucht stellt, so verleiht es dem Herrn doch nur eine vorübergehende Gewalt über ihn, die nicht größer ist, als in dem *Vertrag* zwischen ihnen vereinbart wurde.[102]

Bis in die Wortwahl hinein beschreibt Locke in dieser Passage den Übergang von einer Sklavenhaltergesellschaft in die liberale Marktgesellschaft, die er als Ideal proklamiert. Aus der Beziehung Herr-Sklave wird eine ökonomische Beziehung, in der der freie Arbeiter seine Arbeitskraft, die sein Besitz ist, gegen Lohn in die Beziehung einbringt. Diese Beziehung bleibt, wenn zunächst auch nur auf Zeit, eine einseitige Machtbeziehung zwischen Besitzendem und demjenigen, der seinen Besitz verkauft. Mit der Bestimmung der Arbeit als Besitz, der als solcher dann über einen Vertrag Teil der Marktbeziehung wird, schafft Locke die theoretische Grundlage für die Kapitalisierung der Arbeitskraft im Rahmen einer kapitalistischen Ökonomie. Es war nach Locke also die Logik des Geldes, die die Marktbeziehung zwischen den ungleich Besitzenden, den Herren und den Arbeiter:innen als Tagelöhner:innen, regulierte. Dabei verstand er das Geld nicht als bloßes Tauschmittel, sondern als Kapital:[103] Als Kapital solle es seinem Besitzer weniger dazu dienen, seinen Konsumbedürfnissen nachzugehen, als vielmehr als Investitionsmittel neues Kapital zu erzeugen. Ziel von Landwirtschaft, Handel und Industrie sei demnach die Kapitalakkumulation, denn diese führe zu Reichtum und Macht. Ausgehend von der gleichberechtigten Nutzung des Bodens und seiner Früchte, führte Locke damit vor, wie es durch die Einführung des Geldes möglich wurde, mehr Boden zu nutzen, als der Einzelne selbst benötigte, was auf der einen Seite zur Kapitalakkumulation führte, die einem Teil der Bevölkerung Reichtum und Macht garantierte, während auf der anderen Seite ein anderer Teil der Bevölkerung als Tagelöhner:in ihren Körper und ihre Arbeitskraft für Geld verdingte – sprich: Der Einzelne wurde wesentlich durch seine Rolle als Arbeitskraft auf dem Markt definiert. In diesem Sinne wirkt das Prinzip der Vertragsfreiheit als zerstörerisches Schema im Hinblick auf die sozialen Beziehungen des Menschen und ist gleichzeitig die Grundlage für das von Locke hier entwickelte kapitalistische Marktmodell.[104]

Die Wortwahl, die Louis Thomas Husson im Schreiben an die künftig freien, aber lohnabhängigen Arbeiter:innen benutzte, als er sie aufforderte, den Anweisungen ihrer Herren zu gehorchen, gibt genau diese nach der Sklaverei weiter bestehenden Herrschaftsverhältnisse wieder, die den Lohnarbeiter aus seinen traditionellen Beziehungen wie Verwandtschaft, Nachbarschaft etc. herauslösten, insofern sie die Freiheit des Einzelnen in Bezug auf seine Arbeitskraft beschränkten.

Neben der Herauslösung des Einzelnen als Arbeitskraft aus seinen sozialen Beziehungen entwickelte Locke mit der Idee der Kapitalisierung des Bodens die zweite Grundlage für eine Gesellschaft, in der der Markt im Sinne einer kapitalistischen Ökonomie die wesentlichen Beziehungen definiert. Auch hier ging es darum, wie Karl Polanyi zutreffend beschreibt, darum, Boden und Natur aus ihrer traditionellen Rolle herauszulösen, sie nur über ihre ökonomische Funktion zu definieren und sie damit zu Objekten von Marktbeziehungen zu machen:

> Traditionsgemäß waren Boden und Arbeit nicht getrennt; die Arbeit ist Teil des Lebens, Boden bleibt ein Teil der Natur. Leben und Natur bilden ein zusammenhängendes Ganzes. Grund und Boden sind somit verbunden mit Verwandtschaft, Nachbarschaft, Handwerk und Glauben, mit Stamm und Tempel, Dorf, Gilde und Kirche.[105]

Wie bereits erwähnt, entwickelte Locke seine theoretischen Überlegungen in der Zeit des Übergangs von einer feudalen zu einer bürgerlichen Marktgesellschaft. Er brachte dabei teilweise Entwicklungen auf den Begriff, die schon zuvor begonnen hatten. So setzte sich etwa bereits unter den Tudors im 16. Jahrhundert ein Agrarkapitalismus durch, der zur Einfriedung und Umwidmung von Grund und Boden im Sinne des individuellen Besitztums führte. Eine Konsequenz davon war, dass den bäuerlichen Gemeinschaften öffentlich nutzbares Land verloren ging. Dies trieb viele Kleinbauern in die Armut und zwang sie, sich als Lohnarbeiter entweder in der Agrarindustrie oder in den Städten zu verdingen. Die Trennung des Menschen vom Boden erlaubte es im Sinne der kapitalistischen Ökonomie, alle Teile der Beziehung als getrennte Einheiten auf dem Markt anzubieten.[106]

Wie bereits bei Husson anklingt, spielte dieselbe Logik, die ihre Grundlage in Lockes Liberalismus-Konzept hatte, auch eine zentrale Rolle bei der Sklavenbefreiung in den USA.[107] Die befreiten Sklav:innen mussten erst beweisen, dass sie der Freiheit würdig waren, dass sie fähig waren, die Verantwortung der Freiheit zu tragen. Wohlmeinende *weiße* Unterstützer:innen schrieben eigens Handbücher, die als Unterweisung für die Befreiten gedacht waren. So findet sich in einem solchen »Advice to Freedmen« folgender Hinweis:

> With the enjoyment of a freedman's privileges, come also a freedman's duties. These are weighty. You can not get rid of them. They must be met. And unless you are prepared to meet them with a proper spirit, and patiently and cheerfully fulfill these obligations, you are not worthy of being a freedman. You may well tremble in view of these duties and responsibilities. But you need not fear. Put your trust in God, and *bend your back joyfully and hopefully to the burden.*[108]

In *Friendly Counsels for Freedmen* wiederum findet sich der Satz »Now that you are your own men, you have got to think and work both«.[109] Hier wird deutlich, in welcher Weise die abstrakten Forderungen der europäischen Aufklärung nach Gleichheit und Freiheit in Verbindung mit Lockes ökonomischem Gesellschaftsmodell, das auf Besitz beruhte, ihre Wirkung entfalteten. Den ehemaligen Sklav:innen wurde zwar offiziell eine universelle Freiheit zuteil, doch wurden sie ökonomisch nicht in die Lage versetzt, etwa durch einen kleinen eigenen Besitz oder aber eine unabhängige Tätigkeit als gleichberechtigte Akteur:innen in der Gesellschaft aufzutreten. Es gab staatliche Gesetze, die die freie Bewegung eingrenzten und Menschen, die keinen eigenen Besitz hatten, zur Lohnarbeit zwangen. Zusätzlich grenzte die Privatisierung des Landes die Möglichkeit ein, von öffentlichem Land zu leben.[110] Jede Form der Überschreitung dieser immer engeren Grenzziehungen wurde mit harten Strafen vergolten. Im Hinblick auf den Freiheitsstatus der neuen Lohnarbeiter:innen konnten die Plantagenbesitzer sich daher weiterhin in Sicherheit wiegen: »Whatever fanciful notions he may have entertained of freedom as conferring happiness, he will soon be obliged, through *stern necessity*, to look at his actual condition, which is that of work or starve«.[111] Indem nämlich die Plantagenbesitzer die freien Sklav:innen so miserabel bezahlten, dass diese sich bei ihnen verschulden mussten, um zu überleben, entstand eine langfristige Kreditabhängigkeit, die die neuen Arbeiter:innen in der Regel dazu zwang, bis an ihr Lebensende auf den Plantagen weiterzuarbeiten.

Obwohl die Auflösung der Sklaverei neue Spielräume für die Befreiten eröffnete, schrieb die Politik des Übergangs vom Sklaven zum Freien tiefe Ungleichheiten zwischen der Schwarzen und der *weißen* Bevölkerung und damit einen andauernden Rassismus fest. Formal wurde der Schwarze Teil der Bevölkerung zwar frei und Teil einer universellen Humanität, aber ihm wurden Arbeitsverträge aufgezwungen, die ihn weiter vom *weißen* Teil der Gesellschaft abhängig machte. Bis weit ins 20. Jahrhundert blieben – in Lockes

Terminologie – der Körper und die Arbeit ihr einziger Besitz, ein Besitz, der gegenüber dem der *weißen* Gesellschaft weit weniger geschützt war und der sie nicht in die Lage versetzte, ihre ökonomische und damit auch soziale Abhängigkeit zu überwinden.[112]

Es zeigt sich hier also, dass die in Lockes liberalem Gesellschaftsmodell anfänglich garantierte Freiheit in ein Marktmodell eingebettet ist, das, angetrieben von Geld und Kapitalakkumulation, Ungleichheiten in der Gesellschaft produziert, die den Universalismus der Freiheit als abstrakte Fassade erscheinen lassen. Da sich nämlich Locke zufolge alle Individuen über Besitz definieren,[113] werden sehr ungleiche Freiheitsgrade produziert. Denn obwohl nach seiner begrifflichen Konstruktion auch die Lohnarbeiter:innen Besitz haben, nämlich an sich selbst und an ihrer Arbeitskraft, gelten sie für ihn doch nicht als vollwertige Mitglieder der bürgerlichen Gesellschaft. Sie sind zwar Teil der Gesellschaft, aber nur als »Objekte« der Regierung, während die im eigentlichen Sinne Besitzenden »Subjekte« der Regierung sind.[114]

Die hier vorgeführten Konstruktionen erlaubten es Locke, einerseits liberale Freiheits- und Gleichheitsprinzipien zu vertreten und andererseits die Ungleichheiten in der eigenen Gesellschaft des 17. Jahrhunderts zu legitimieren. Während in Europa im 19. Jahrhundert die industrielle Arbeiterklasse die auf Besitz beruhende Marktmacht des Großbürgertums politisch mehr und mehr infrage stellte und damit selbst zu einem wichtigen Akteur wurde, der sich nicht mehr einfach den Marktgesetzen unterordnete, blieben die Ungleichheiten in den Beziehungen der westlichen Länder zur nichtwestlichen Welt bis weit ins 20. Jahrhundert erhalten. In die nichtwestliche Welt war das marktliberale Gesellschaftsmodell exportiert worden, um die auf Kapitalakkumulation unter Ausbeutung lokaler Ressourcen beruhenden Herrschaftsansprüche der Europäer:innen und ihrer Nachkommen politisch zu legitimieren.

Es war also nicht die Spezies »Mensch«, die als Ganzes die anthropozänen Entwicklungen in Gang setzte, sondern es waren ganz konkrete historische Akteur:innen – es waren, um Sylvia Wynters aus einer karibischen Perspektive hervorgehenden Begriff zu verwenden, »man«,[115] das heißt die europäisch-westliche Bourgeoisie, die ab dem 15. Jahrhundert die Welt grundlegend transformierte, indem sie eine eindimensionale Entwicklung lostrat, von der wir einige grundlegende Aspekte in diesem Kapitel erarbeitet haben, etwa: die Entwicklung von Wissenssystemen, die auf empirisch-rationalen Methoden basierten; die Herstellung eines marktgetriebenen Kapitalismus durch die Herauslösung von Arbeit und Boden aus ihren traditionellen Beziehungen zwecks ihrer Kapitalisierung und die dabei erzeugten Dynamiken, die zur Ausbeutung menschlicher Arbeitskraft und natürlicher Ressourcen führten (grundlegend für diese Entwicklung waren administrative Techniken einer sich etablierenden Vertragskultur); die Legitimation dieser disruptiven Eingriffe über Freiheits- und Gleichheitsbegriffe, die gleichzeitig die Universalisierung und damit globale Ausbreitung dieser neuen Denkformen und Techniken ermöglichten; sowie der faktische Kolonisierungsprozess im Sinne dieses universalistischen Zivilisationsprojekts, der mittels grausamer Gewalt zur globalen Ausbeutung sowohl von Gesellschaften als auch der natürlichen Grundlagen führte.

El Gloton

Silberminen und Plantagen. Der globale Handel mit Menschen und Waren

Wer die kleine Kirche betritt, sieht sich mit einem wahrhaft monströsen Bild konfrontiert. Da ragen Menschenkörper aus siedenden Kochtöpfen, werden andere mit Zangen und Gabeln von teuflischen Wesen gequält, wiederum andere sind an Ketten gebunden und werden geschlagen.[116] Wir finden uns vor einer der berühmten Höllendarstellungen der Gegenreformation. Nur dass wir dieser in Lateinamerika begegnen, genauer in dem Ort Caquiaviri im andinen Hochland Boliviens, an einem Kreuzungspunkt der alten Silber- und Handelsstraßen. Zwei Welten also treffen hier aufeinander – und in der Tat unterliegt diese Art von Bild einem doppelten Produktionsprinzip: Die Grundmotive der christlichen Darstellungen wurden im Zuge der Gegenreformation in der Regel in Europa, vor allem in Antwerpen, hergestellt und dann nach Lateinamerika exportiert, wo sie mit lokalen Details angereichert wurden. Ein beliebtes Motiv war dabei die Hölle für die Sündhaftigkeit des Menschen, verbunden mit der Drohung ewiger Qualen. Daneben gelangte auch eine sehr reiche Erbauungsliteratur nach Lateinamerika, wie etwa die Schrift Juan Eusebio Nierembergs *De la diferencia entre lo temporal, y eterno* (1640), die in sämtliche europäische Sprachen übersetzt worden war. Oft setzte sich diese Erbauungsliteratur mit den vier letzten Stufen auseinander: Tod, Fegefeuer, Gericht und Himmel/Hölle. Mithilfe dieser Schriften und Bildmotive eröffnete sich die Möglichkeit der unmittelbaren Verankerung christlicher Motive in der Imaginations- und Erfahrungswelt der indigenen Bevölkerung. Der Resonanzraum war in diesem Falle das einerseits am Rande der damaligen Welt, gleichzeitig aber auch im Zentrum einer sich gerade globalisierenden Weltgesellschaft liegende andine bolivianische Hochland des 16.

und 17. Jahrhunderts. Insofern reflektierten die Bilder eine spezifische lokale Bildproduktion, waren aber ebenso Teil einer globalen Bildproduktion der katholischen Kirche, die über Lateinamerika hinaus auch bis auf die Philippinen und nach Japan reichte.

Was nun den Bezug zu den lokalen Erfahrungswelten anbelangt, so war dieser im Falle der Höllendarstellungen von Caquiaviri eher ein direkter, entsprachen doch die Folterwerkzeuge denjenigen Instrumenten, mit denen in den Höhlen, um nicht zu sagen Höllen des Silberbergbaus gearbeitet wurde. Und erst die von der indigenen Bevölkerung in den Minen erwirtschafteten Ressourcen finanzierten diese religiösen Bilder, die zugleich zu einer Form von Christianisierung eingesetzt wurden, um über die martialischen Höllendarstellungen die Bildwelten der indigenen Bevölkerung zu beherrschen und die Unterjochten zu terrorisieren. So erweisen sich die Höllenbilder mittelbar auch als Bilder eines menschenverachtenden Kolonialregimes, dessen Anwendung von äußerer und innerer Gewalt vor Augen geführt wird.

Die Verbindung von lokalen und globalen Entwicklungen gilt gleichermaßen für das Silber selbst, das diese Bilder möglich machte. Es stammte aus Potosí, das auf ca. 4000 Metern Höhe am Fuße des Cerro Ricos, des »Reichen Berges«, liegt. Potosí war am Anfang des 17. Jahrhunderts mit ungefähr 150 000 Einwohnern eine der größten und auch reichsten Städte der Welt, deren Silber zur Grundlage einer sich globalisierenden Weltwirtschaft wurde. Mit den Silbermünzen aus Potosí wurde in aller Welt Handel getrieben, mit ihnen wurden ebenso Sklav:innen in Afrika gekauft wie Seide in China. Doch letztendlich beruhte der Reichtum Potosís und des darauf fußenden Welthandels auf der Grundlage eines *doppelten Extraktivismus*: Einerseits wurden die lokalen Bodenschätze von den europäischen Kolonialherren buchstäblich der »Erde entzogen«. So muss es jedenfalls die indigene Bevölkerung gesehen und erlebt haben, die den Cerro Rico in ihrer Bildwelt als Virgen del Cerro darstellte, in einer ganz eigenen Verbindung des christlichen Bildes der Mutter Gottes mit der indigenen Vorstellung der »Mutter

Erde«.[117] Aber andererseits entzog die Kolonialmacht nicht nur der Erde ihre Reichtümer, sondern beutete auch die lokale Bevölkerung unter Bedingungen aus, die die religiösen Bildwelten in etwa widerspiegeln. Zwecks dieser Ausbeutung hatten die Spanier ein besonders raffiniertes System etabliert, das die katholischen Könige im weit entfernten Madrid die Illusion von menschenwürdigen Arbeitsbedingungen bewahren ließ, sich vor Ort jedoch in brutalster Gewaltanwendung ausdrückte – das sogenannte *Mita-System*, in dem die indigene Bevölkerung nicht buchstäblich versklavt, aber in sklavenähnliche Bedingungen gezwungen wurde.

Während der Conquista hatten die Spanier große Landabschnitte der indigenen Bevölkerung so zerstört, dass diese nicht mehr von ihrem Land leben konnten. Ganze Gemeinschaften sahen sich gezwungen, neue Wege für ihr Überleben zu suchen.[118] Diese existenzielle Not, hergestellt durch die Kolonialmacht, zwang die lokale Bevölkerung in die Minen. Zusätzlich führte in der zweiten Hälfte des 16. Jahrhunderts der damalige peruanische Vizekönig Francisco de Toledo Mita-Quoten ein, das heißt, eine Gemeinschaft musste jährlich eine bestimmte Anzahl an arbeitsfähigen Männern in die Minen schicken. So erreichten im Jahr 1573 9500 Mita-Arbeiter Potosí.[119]

In der Folgezeit jedoch standen immer weniger Mita-Arbeiter zur Verfügung, da die Arbeits- und Lebensbedingungen in den Bergwerken gefährlich und menschenunwürdig waren, die Kolonialmacht gleichzeitig aber auch durch das neu etablierte System das Sozialgefüge der einheimischen Bevölkerung zerstört hatte. Bauern, die ehemals in größeren Lebensgemeinschaften von ihrem Land gelebt hatten, wurden durch die Umsiedlung zu den Bergwerken aus ihren sozialen Gefügen gerissen, gleichzeitig fehlten diese jungen Männer zu Hause. Das Kolonialregime zwang die Bevölkerung zu einer Mobilität, die ihre tradierte Lebensweise völlig erodieren ließ und damit auch in der weiteren Entwicklung zu einer Dezimierung der potenziellen Arbeitskräfte führte.[120]

Das Kolonialregime reagierte auf diese Entwicklung wieder mit Gewalt. Es zwang die lokalen Machthaber, die Kaziken, den

Ausfall von Arbeitskräften, also die Nichterfüllung ihrer Quoten, durch Bezahlungen zu kompensieren. So belief sich im Jahre 1650 die Anzahl der Mita-Arbeiter in Potosí nur noch auf achthundert Arbeiter, achthundert weitere wurden durch Bezahlungen kompensiert.[121] Durch diese Kompensationszahlungen trieb die Kolonialmacht die Kaziken, die über kurz oder lang die entsprechenden Gelder nicht mehr aufbringen konnten, in eine immer größere Schuldabhängigkeit.

Perfektioniert aber wurde der von der spanischen Kolonialmacht etablierte Extraktivismus im Kontext der auf Sklaverei basierenden *Plantagenwirtschaft*, mit der eine *Denaturalisierung* der Natur und eine *Dehumanisierung* des Menschen einherging.

Nehmen wir dafür das Schicksal eines berühmten Sklaven, Olaudah Equiano, der 1745 im heutigen Nigeria geboren wurde, genauer in den Blick. Als Zehnjähriger wurde er von Sklavenjägern an die Küste verschleppt und dort an Sklavenhändler verkauft. Er überlebte die grauenvolle Überfahrt auf die Westindischen Inseln und wurde von dort auf das Festland verkauft. In seinem Leben hieß er mal Equiano, dann Michael, später Jacob, bevor er als Gustavo Vassa berühmt wurde.[122]

Die verschiedenen Namen verweisen auf einen grundlegenden Mechanismus des Sklavensystems. Jeder Besitzer konnte dem Sklaven einen neuen Namen geben, der nur in der Welt des Besitzenden eine Rolle spielte. Die fortwährende Neubenennung war eine Strategie der Entwurzelung, machte den Betreffenden im eigentlichen Sinne namenslos, indem sie ihn seiner Identität, seiner Geschichte und der Beziehungsgeflechte, in denen er einmal gelebt hatte, endgültig beraubte. Kamen die Sklav:innen nach der »Middle Passage« über den Atlantik nämlich in der »Neuen Welt« an, hatten sie zunächst all ihre lokalen und sozialen Beziehungen eingebüßt. Diese Loslösung aus ihren gelebten Biografien machte die Sklav:innen aus Sicht der Plantagenbesitzer zu idealen Arbeiter:innen auf der Plantage, wo sie einem präzise definierten Kontrollapparat unterworfen wurden und genauen Handlungsanleitungen Folge zu leisten hatten, deren

Zeitabläufe und Arbeitsformen mechanisch aufeinander abgestimmt waren. Dabei diente das Zeichensystem der Namen nur noch dazu, dem Sklaven seine Funktion innerhalb eines Arbeitsapparats zuzuweisen, der auf Unterdrückung beruhte, und abstrahierte als Funktionsbezeichnung von allen anderen Eigenschaften jenseits der Verwendung auf der Plantage. Die damit einhergehenden Normierungen erlaubten es den Plantagenbesitzer:innen schließlich, die Sklav:innen als austauschbare Waren des Plantagensytems zu betrachten.[123]

Die Grundlogik dieses Systems fasst Achille Mbembe in der *Kritik der schwarzen Vernunft* mit folgenden Sätzen zusammen:

> Mit anderen Worten, die Hauptmatrix der Herrschaftstechnik Kolonisierung ist ursprünglich der Krieg, die maximale Form des *Kampfes auf Leben und Tod.* [...] Auch der zeitliche Fortbestand solch eines durch Gewalt etablierten Systems hängt von der »Aufrechterhaltung der Gewalt« ab.[124]

Und später spitzt er dies noch einmal zu: »Einen Kolonialismus ohne die Möglichkeit, zu foltern, zu vergewaltigen oder zu massakrieren, kann es nicht geben.«[125] Es ist die Gewalt, die den Monstern des Kolonialismus zur Geburt in der Realität verhalf, wobei sie in der Beziehung Kolonialherr-Sklave verschiedene Formen annahm. Zunächst äußerte sie sich in ganz konkreten Formen, wie bereits durch die Namensänderungen angedeutet wurde. Denn neben der alltäglichen Gewalt, über den Sklaven zu verfügen, wurde dem Sklaven mithilfe des Namenssystems nicht nur gewaltsam die Vergangenheit abgesprochen, es war ihm genauso wenig erlaubt, über Nachkommen zu verfügen und damit eine Zukunft zu haben.[126] Und neben dieser Macht über die Zeit verfügte der Herr auch über den Raum. Die Sklav:innen durften sich nicht frei bewegen. Gleichzeitig beruhte die Gewalt darauf, dass der Herr dem Sklaven das Menschsein absprach. Hier hat der Rassismus seine Wurzeln: Nur indem der Sklave als ein grundsätzlich Anderer konstruiert wird, ein Wesen, das nicht im vollen Sinne »Mensch« ist, scheint die Ausbeutung legitim. Die auf der Konstruktion von Andersartigkeit beruhende Asymmetrie erzeugt jedoch eine eigene Dialektik. Der Herr kann seine Macht, wie Hegel schon richtig sah, nur genießen, wenn der Sklave nicht nur Objekt ist, sondern auch Eigenschaften von ihm selbst besitzt, sodass in jeder Machtausübung per se ein Antagonismus eingebaut ist, der sich gegen den Machtausübenden wendet. Gleichzeitig sieht der Sklave in dem Herren nicht nur den Unterdrücker, sondern auch denjenigen, dem scheinbar alles zur Verfügung steht, dem keine Grenzen gesetzt sind, der also über eine Allmacht verfügt.[127] So entwickelt sich von beiden Seiten eine phantasmatische Beziehung des Begehrens und Abstoßens, der Gewaltausübung und des Genusses. In dieser phantasmatischen Beziehung wird aber nicht nur der Sklave seiner humanen Attribute beraubt, auch der Potentat wird in der prinzipiell unbegrenzten Gewaltausübung, die sich oft in Rauschzuständen entlädt, zum Tier. In diesem Sinne kann die auf Sklavenwirtschaft beruhende Plantage als ein Labor der *Naturalisierung des Menschen* gedacht werden.

Ihr entspricht die *Kulturalisierung der Natur*, wie sich etwa auf den brasilianischen Zuckerrohrplantagen zeigte, mit deren Pflanzen die Sklav:innen ihre Entwurzelung teilten. Das Zuckerrohr war dort von den portugiesischen Kolonialherren aus Neuguinea in einen ganz neuen, ihm nicht »vertrauten« Kontext eingeführt worden. Man musste die Pflanzen nur in den Boden stecken und warten, bis sie wuchsen. Alle Pflanzen waren Klone voneinander, die keinen Störungen durch Fortpflanzung unterlagen. In diesem Sinne waren sie autark, abgekapselt von der übrigen Umwelt,[128] nur noch ein externes Produkt menschlichen Abstraktionsvermögens.

Die Plantagen wurden so zu Laboratorien, in denen der Abstraktionsgeist westlicher Kolonialgesellschaften auf die Spitze getrieben wurde,[129] indem die beteiligten Akteur:innen, Natur und Mensch, auf nur eine Eigenschaft reduziert wurden: der Mensch auf seine Arbeitskraft und die Natur auf eine werterzeugende Ressource. Beide wurden dabei objektiviert und im Sinne des beginnenden Kapitalismus kommodifiziert, als Ware be- und gehandelt, weshalb es im Nachhinein nicht verwundert, dass diese Strategien der Normierung und Austauschbarkeit auf den Plantagen zu den Vorbildern einer vor allem am Profit orientierten Industrialisierung wurden.

Zum Schluss gilt es jedoch festzuhalten, dass das System der Versklavung und der Plantage nicht mit dem Verstummen der Unterdrückten endete. Auch dafür ist der oben genannte Equiano ein Beispiel. Sein letzter Name, Gustavo Vassa, erinnert an einen schwedischen Patrioten. Es war der Name, den er annahm, nachdem er sich freigekauft hatte. Die erworbene Freiheit nutzte er einerseits, um ans Mittelmeer zu fahren und an einer Forschungsreise in die Arktis teilzunehmen, andererseits aber auch, um aktiv gegen den Sklavenhandel zu kämpfen. Am Ende seines Lebens schrieb er eine Autobiografie. Es war die endgültige Rückgewinnung seines Lebens gegen die Gewalt der Sklaverei.

Natur und Kultur

Wurde im Anthropos-Kapitel offengelegt, wie das Vernunftprojekt europäische Aufklärung, das sich Freiheit und Gerechtigkeit als universale Werte auf die Fahnen geschrieben hatte, zur Grundlage globaler Ungleichheit wurde und dabei über Jahrhunderte die Ausbeutung von Menschen beförderte, soll es jetzt darum gehen, die kulturellen Praktiken und Denkformen zu beleuchten, die zur Ausbeutung der Erde beziehungsweise der Natur führten. Dafür sind zunächst die begrifflichen wie die gesellschaftlichen Logiken zu klären, die der Unterscheidung von Natur und Kultur zugrunde liegen, die seit dem Beginn der Moderne hart umkämpft ist.

Standen zunächst empiristische Positionen, wie die von Locke, Hume und Berkeley, rationalistischen Positionen, wie denen von Descartes, Spinoza und Leibniz, gegenüber, sind es seit Beginn des 20. Jahrhunderts Naturalist:innen und Konstruktivist:innen, die diese Auseinandersetzung weiterführen. Naturalist:innen untersuchen mit naturwissenschaftlichen Methoden nicht nur die materiellen Prozesse, sondern versuchen auch, geistige Prozesse auf materielle Prozesse zurückzuführen, um dann die Menschheitsgeschichte in all ihren Aspekten als Teil der Naturgeschichte zu lesen.[130] Diese Vorgehensweise impliziert, dass auch die eigenen Argumentationen als Teil der Naturgeschichte, also als Naturereignisse, gelesen werden müssen, wodurch sie sich dem Anspruch gesellschaftlicher Verhandlung und Begründung entziehen. Demgegenüber finden sich die Konstruktivist:innen, denen zufolge unsere Weltentwürfe reine Konstruktionen sind, innerhalb derer wir die Welt mittels Zeichen herstellen.[131] Ihnen wird alles zur Kulturgeschichte. Bei dieser Position gibt es kein Gegenüber und damit keine Referenz, an der sich die Adäquatheit der Konstruktion bemessen ließe.

Sieht sich der Naturalismus damit konfrontiert, dass seine eigenen Denkprozesse als Naturprozesse zu gelten haben, muss sich der Konstruktivismus mit dem Verdacht der Beliebigkeit seiner Konstruktionen auseinandersetzen.

Im Folgenden wird – bezogen auf den hier skizzierten Konflikt – eine dritte Position entwickelt, die den kritischen Einwänden gegen Naturalismus wie Konstruktivismus Rechnung trägt. Diese Position macht von der Einsicht Gebrauch, dass für das Verständnis der westlichen Moderne grundlegende Kategorien wie »Natur« und »Kultur« in einem Wechselspiel zwischen konkreten Praktiken und Technologien sowie einer philosophischen Begriffsbildung entwickelt wurden, bei der die philosophische Reflexion die in den Praktiken angelegten Muster auf den Begriff brachte und diese Begriffe dann ihrerseits auf die Praktiken und Technologien zurückwirkten.

Das moderne Naturverständnis begann sich unter anderem in der höfischen Kultur seit der Renaissance zu entwickeln. Im Gegensatz zum bäuerlichen Leben auf und mit dem Land, das durch die tägliche Erfahrung von und Interaktion mit Pflanzen, Tieren und den Elementen geprägt war, spielte sich das höfische Leben in der Distanz zur natürlichen Welt ab. Blieben die bäuerlichen Perspektiven auf die natürliche Welt sowie auf die praktische Auseinandersetzung mit dieser in Beziehung, nahm der Hof diese Welt nur mehr vermittelt wahr. Als eine Gesellschaftsschicht, die nicht arbeiten musste, interessierte sich der Hof nicht so sehr für den Gebrauchswert der natürlichen Gegenstände, sondern für den symbolischen Wert, wie sich etwa am Beispiel Wasser zeigt: Das Wasser zum Trinken wurde zur Verfügung gestellt, von eigentlichem Interesse aber war die Inszenierung des Wassers, etwa in Form von Fontänen. Auch um das Erwärmen mittels Feuerstellen musste man sich nicht kümmern – umso mehr konnte man sich für die Feuerwerke begeistern.[132] Die Freiheit von den unmittelbaren Reproduktionsanforderungen ermöglichte eine distanzierte Haltung, die derjenigen der naturwissenschaftlichen Beobachtungsweisen nahekommt.

Die französische Hofkultur entwickelte sich in der Frühen Neuzeit. Es war eine Zeit des Übergangs. Die Denkbilder des Mittelalters, in denen der Mensch als Teil eines religiösen Kosmos, zu dem auch die Natur gehörte, einen bestimmten Platz eingenommen hatte, lösten sich auf. Dieser Auflösungsprozess führte zu großer Verunsicherung, in der natürliche Prozesse nicht mehr als Teil eines geordneten Weltzusammenhangs erfahren wurden, sondern als Bedrohung.

Vor dem Hintergrund dieser Entwicklung ist die französische Gartenarchitektur als ein rationales Projekt der Gestaltung und Beherrschung der Natur zu verstehen: Wer sich durch diese Gartenanlagen bewegt, sieht geradlinige, wie mit dem Lineal gezogene Achsen, begegnet kugelartigen Baumkuppeln, findet sich in symmetrisch zueinander angelegten Blumenbeeten wieder. Man nimmt den Garten als geometrisch gestaltete Form wahr. Bei diesem »Wahrnehmen-als« erscheint der Naturaspekt unter einer bestimmten Perspektive, indem er einem Zeichen, etwa »kugelartige Baumkuppel« oder »symmetrische Blumenbeete«, zugeordnet wird. Ohne diese perspektivierende Zeichenhandlung gibt es keinen Zugang zu den Phänomenen der Natur.

Welche Zeichenzuordnungen adäquat sind, hängt von den gesellschaftlichen Prozessen ab, innerhalb derer sich diese herausgebildet haben. Diese gesellschaftlichen Prozesse lassen sich als Dialoge modellieren. Dialogmodelle sind Verfahren der Reflexionsebene, die die Rekonstruktion kategorialer Unterscheidungen aus Handlungszusammenhängen ermöglichen. Solche Dialoge können als Interaktionszusammenhänge begriffen werden, in denen zwei Personen mit wechselnden Rollen Handlungen ausführen. Bezogen auf Gärten können das dann Handlungen sein wie »Einen-Baum-Pflanzen«, »Einen-Baum-Beschneiden«. Während eine Person A diese Handlungen ausführt, widerfahren diese Handlungen der anderen Person B.[133] Der passive Part, das heißt die erleidende Person B, nimmt eine aktive Rolle ein, sobald er die Handlung der Person A als »Einen-Baum-Schneiden« *wahrnimmt*. Die Wahrnehmungshandlung ist eine Zeichenhandlung, bei der das Ereignis einem

Zeichen zugeordnet wird. Im nächsten Schritt kann Person B diese Zeichenhandlung mittels eines Zeichens wie »Einen-Baum-Schneiden« artikulieren, und es findet dann auf der Zeichenebene ein ähnlicher Rollenwechsel zwischen den beiden Dialogpartner:innen statt. In solchen iterativen Dialogprozessen lassen sich schrittweise die Zeichenebene und die Objektebene herausbilden. Dabei wird deutlich, dass auf der ersten Ebene die »Natur« eingebettet ist in Handlungszusammenhänge, und sie wird erst durch die Ausbildung der Zeichenebene, die eine Perspektivierung erlaubt, als Natur artikulierbar. Mit der Verwendung von Zeichen befinden wir uns sodann aber auf der Ebene der Kultur, allerdings zunächst im Ausführungsmodus von Zeichenhandlungen: Die Zeichen dienen dazu, die Natur zu perspektivieren beziehungsweise zu gliedern.

Im Hinblick auf die Auseinandersetzung zwischen Konstruktivist:innen und Naturalist:innen lässt sich jetzt festhalten: Der konstruktivistischen Position ist entgegenzuhalten, dass nicht alle Handlungen Zeichenhandlungen sind. Vielmehr müssen Zeichenhandlungen verstanden werden als Teil von Handlungszusammenhängen, die noch nicht semiotisch perspektiviert sind; darin besteht ihre »natürliche« Verankerung. Gegen die naturalistische Position wiederum gilt es anzuführen, dass die Natur nicht einfach vorliegt, sondern erst in der Perspektivierung durch Zeichen, also durch Kultur, artikulierbar wird.

Das Perspektivieren der Natur kann aber selbst zum Gegenstand gemacht werden. So führt die Vergegenständlichung der Perspektiven auf die Natur zu kulturellen Gegenständen. Während es sich nämlich auf der Ebene der Natur um Handlungen wie »Einen-Baum-Pflanzen«, »Einen-Baum-Schneiden« etc. handelt, geht es bei den Bildern der Natur um deren Repräsentationsformen. Und ebendies fand in der französischen Gartenarchitektur statt. Nicht die Natur stand im Vordergrund, sondern ein bestimmtes Bild der Natur, das in Szene gesetzt werden sollte, also die Repräsentation mittels Zeichen.

Die Logik dahinter lässt sich besonders gut an den Bildern ablesen, die von diesen Gärten erhalten sind, wobei es die Perspektive ist, die die hinter diesen Gärten liegende Denkstruktur offenlegt. Zumeist sind dies Bilder aus der Vogelperspektive. Die Vogelperspektive führt vor, dass es hier um die Kontrolle, die Beherrschung der Natur geht. Die Natur hat den Vorstellungen des Menschen zu folgen. Dabei zählt nicht die Schönheit der Natur, sondern die Schönheit der geometrischen Denkstrukturen. Statt der Natur wird die beherrschte Natur in den französischen Gartenanlagen als ein geometrisches Zeichensystem bewundert.[134]

Damit verweist die französische Gartenarchitektur auf Descartes' Unterscheidung von *res cogitans* und *res extensa*, bei der das Denken nicht als ein Umgang mit der Welt, sondern als ein eigener Gegenstandsbereich aufgefasst wird, der von den Gegenständen der Natur getrennt ist. Diese kategoriale Trennung zwischen den zwei Welten, derjenigen der Kultur und derjenigen der Natur, hatte die französische Hofkultur durch die Schaffung einer eigenen Kunstwelt in Form des Gartens in der Praxis bereits vorweggenommen. Der Hof nutzte seine Ressourcen, um sich eine Welt zu schaffen, die er mit den rationalen Mitteln der Geometrie kontrollieren konnte. Der Mensch war nicht mehr der Natur ausgeliefert, er stellte seine Welt her. Descartes übersetzt diese Praxis in ein kategoriales System, dessen Kennzeichen der Dualismus zwischen Körperwelt und Denkwelt ist. Doch hatte diese Trennung einen hohen Preis: Indem sich die Artikulationsprozesse der Zeichen nur noch auf die Welt der *res cogitans* beziehen, bleibt die Welt der *res extensa* als völlig unstrukturierte, gestaltlose Welt zurück. Das heißt, Descartes' Vernunftprojekt kümmert sich de facto nur um die Welt der *res cogitans* und damit um die Zeichenwelten der Kultur. Die Welt der materiellen Körper ist dabei irrelevant, da die Zeichenhandlungen, die diese Welt gliedern, als eigene Gegenstände eingefroren, losgelöst von der materiellen Welt der Körper der *res cogitans* zugeschlagen werden. Es bedarf daher der theologischen Hilfskonstruktion eines Gottes, um den Zusammenhang zwischen den zwei Welten herzustellen.

Der Dualismus betrifft auch den Menschen selbst. Dies lässt sich besonders gut an der Entwicklung der Anatomie illustrieren. Sie spielte zwar das ganz Mittelalter hindurch und in der Renaissance für die Medizin eine wichtige Rolle, erlebte dann aber zu Beginn der Neuzeit eine neuerliche Blüte.[135] Dabei profitierte sie von einer Kultur, in der zunächst dem höfischen und später dem bürgerlichen Menschen der eigene Körper fremd wurde, insofern er der rohen Natur zugeordnet wurde. Gleiches galt nicht für die bäuerliche Welt, in der der permanente Austausch mit der Natur Teil einer auf die unmittelbare Reproduktion angelegten Lebenswelt blieb. Blieben die Bauern daher bis in 20. Jahrhundert, als sich im Agrarbereich Agrotechnologien durchzusetzen begannen, weiter auf ihr durch Erfahrung geschultes Körperwissen angewiesen, misstraute die sich aus der höfischen Gesellschaft emanzipierende Bürgergesellschaft den eigenen Körperwahrnehmungen zunehmend. Für sie handelte es sich dabei schließlich um solche Perspektivierungen mittels Zeichen, die laut Descartes keine klaren und deutlichen Gedanken erzeugen,[136] weil sich in diesen Empfindungen noch Körperliches und Mentales miteinander vermischen: »Alles übrige aber, wie Licht, Farben, Töne, Gerüche, Geschmäcke, Wärme und Kälte und sonstige Berührungsqualitäten, denke ich nur in recht verworrener und dunkler Weise.«[137] An die Stelle der eigenen Körpererfahrung traten objektivierende Verfahren, mit den die geistlose Welt der Körper untersucht und kategorisiert werden konnte. Vor diesem Hintergrund gewann die Anatomie mit ihren Methoden des Sichtbarmachens, Aufschneidens und Entdeckens eine paradigmatische Rolle, an der sich auch die späteren empirischen Wissenschaften orientierten.[138]

Die Ausweitung des Dualismus auf den Menschen selbst, die sich in den objektivierenden Methoden der Anatomie widerspiegelte, erfasste auch die Kontrollverfahren, mit denen jetzt nicht nur die äußere Natur, sondern auch der eigene Körper beherrscht werden sollten. So hing, wie Norbert Elias gezeigt hat,[139] die Disziplinierung des Körpers mit der Ästhetisierung des Verhaltens bei Hofe zusammen, in der Handlungen des täglichen Lebens wie Essen, Reden etc. einer Stilisierung unterworfen wurden, die vergleichbar ist mit der Zurichtung der Gartenanlagen. Ziel war es dabei, die eigenen Gefühlswelten und Leidenschaften im Sinne der Inszenierung höfischer Macht zu kontrollieren, wobei die rationale Strukturierung äußerer Verhaltensmuster zur Folge hatte, dass der äußere Zwang in die Innenwelten verlagert wurde.

Es war sodann die bürgerliche Pädagogik, die die höfischen Ausdrucksformen aufgriff, um sie aber zugleich weiter durchzurationalisieren. Der Körper als Teil der Natur unterlag dabei dem Generalverdacht der Wildheit und Ungezähmtheit.[140] In diesem Zusammenhang spielte die Entdeckung der Kindheit[141] als eigene Phase menschlicher Entwicklung eine besondere Rolle: Einerseits wurde Kindern eine Unschuld zugestanden, andererseits galten sie noch nicht als volle Menschen, sondern gehörten wie die Tiere der Natur an. Deshalb bedurfte es eigener Erziehungsmethoden, um sie zu zivilisieren. Ablesen lässt sich das Ziel dieser Erziehungsmethoden besonders an Rousseaus Forderung nach Abhärtung des Körpers: »Der Körper muss stark sein, um der Seele zu gehorchen. Ein guter Diener muß kräftig sein. [...] Alle sinnlichen Leidenschaften wohnen in einem verweichlichten Körper.«[142] Rousseau machte bei dieser Aufteilung in Körper und Seele vom Dualismus Gebrauch, indem er der Seele die Kontrollfunktion über die Leidenschaften des Körpers zusprach. In diesem Sinne meinte Kindeserziehung die Disziplinierung des Körpers und damit der Natur durch rationale Kontrolle.

Die Beherrschung des eigenen Körpers wie der äußeren Natur, die sich seit dem 16. Jahrhundert herausbildete, war auf der einen Seite eine Kompensation für den Verlust des religiösen Ordnungssystems durch den Kontrollmechanismus einer sich über Zeichen vermittelnden rationalen Vernunft, auf der anderen Seite eröffnete sie die Möglichkeit, die Natur als Ressource auszubeuten, zumal diese so als bloß seelenlose, weil vom Verstandesmenschen losgelöste Materie betrachtet werden konnte. Und ihr Äquivalent fand die

Natur als Ressource schließlich in den Körpern von Arbeitern, die für die schwere Arbeit an der Natur eigens zugerichtet wurden. Die Ausbeutungsmöglichkeiten der Natur wie die Disziplinierung des menschlichen Körpers für Arbeitsprozesse erfolgten dann in einem Wechselspiel von Kultur und Natur, wie sich etwa an der Geschichte des Feuers nachverfolgen lässt.

Die Menschen waren, lange bevor sie das von alters her zu den vier Elementen zählende Feuer beherrschten, von seiner zerstörerischen Gewalt bedroht. Blitzeinschläge führten beispielsweise immer wieder zu Großfeuern. Doch mit der Technik des Feuerentfachens und der Zähmung von Wildfeuern veränderte sich das menschliche Leben grundlegend.[143] Nicht nur konnte durch Kochen und Braten die bisherige pflanzliche Nahrung bekömmlicher aufbereitet werden, auch Fleischkonsum, und damit eine proteinhaltigere Nahrung, wurde in größerem Maße möglich, erlaubten Räuchertechniken doch die Konservierung von Fleisch über längere Zeiträume. Die Konsequenz war eine verstärkte Jagd auch von Großtieren und gleichzeitig die Schaffung von Freiräumen innerhalb der Gruppe aufgrund der Erschließung der neuen Nahrungsressourcen.

Im Sinne unserer Dialogmodelle lässt sich diese Entwicklung wie folgt rekonstruieren: Die Erfahrung des Feuers ist zunächst Teil einer gesellschaftlichen Erfahrung, in der Feuer vor allem als Bedrohung wahrgenommen wird. Zentral sind hierfür Zeichenhandlungen – die von Charles Sanders Peirce als »Indices« definiert wurden –,[144] die auf das Feuer aufmerksam machen, um etwa seine Bekämpfung oder die Flucht zu koordinieren. Diese Verweishandlungen, seien es Schreie, seien es Hand- oder Armzeichen, sind Teil einer Gesamtsituation, innerhalb derer Zeichen- und Gegenstandsteile nicht voneinander getrennt sind. Ausgehend von der Situation einer unmittelbaren Erfahrung können dann in einem zweiten Schritt durch das oben beschriebene Verfahren iterativer Schritte, in denen Ich- und Du-Rolle wechseln, einzelne Verweishandlungen, wie zum Beispiel die Verwendung des Lautes »Feuer«,[145] aus diesen primären Situationen herausgelöst werden. Diese Loslösung des Zeichens von der ursprünglichen, singulären Situation erlaubt es anschließend, in der sozialen Gruppe einen Transfer zwischen verschiedenen Situationen herzustellen und diese als gleichartig, nämlich als »Feuer-Situationen«, zu kennzeichnen, das heißt, das Zeichen »Feuer« perspektiviert die jeweilige Situation als »Feuer-Situation«. Die soziale Herstellung des Naturgegenstandes Feuer mittels der Perspektivierung durch Zeichenhandlungen ist dann gewissermaßen die Voraussetzung für die Entwicklung der Kulturtechnik der Feuerbeherrschung.

Bevor Platon in den sokratischen Dialogen diese Form der methodischen Rekonstruktion von Zeichenhandlungen als Reflexionsprozess vorführte, hatten die Griechen mit dem Phaeton- und dem Prometheus-Mythos Erzählungen geschaffen, die die Erfahrung des Feuers in Form von Geschichten in zwei grundlegend verschiedenen Weisen perspektivierten. Im ersten Mythos besteigt Phaeton, der Sohn der Io und des Zeus, unerlaubt den Sonnenwagen und verlässt anschließend die übliche Fahrtstrecke. Das Pferdegespann gerät dabei außer Kontrolle und löst einen Weltenbrand aus.[146] Die Angst vor der Bedrohung durch das Feuer, vor seiner zerstörenden Kraft wird hier in eine Erzählung gebannt und damit gesellschaftlich ver- sowie behandelbar. Der Phaeton-Mythos stellt somit eine Aneignung des Feuers unter der Perspektive des Erleidens dar.

Der Prometheus-Mythos hingegen setzt den Menschen als Beherrscher des Feuers in Szene. Ist nämlich der Mensch im Phaeton-Mythos dem Naturelement ohne Schutz ausgesetzt, so wird es ihm im Prometheus-Mythos als Gabe von einem Gott überreicht. Erst das Feuer, das von den Göttern kommt, versetzt den Menschen in die Lage, so der Mythos, eine Zivilisation zu entwickeln, insofern es die neue Kulturtechnik ihm ermöglicht, seine natürlichen Mängel zu überwinden. Die Bedeutung dieses Perspektivwechsels im Umgang mit dem Element wird dadurch greifbar, dass Prometheus den Göttern das Feuer durch eine List entwinden muss und deshalb von diesen nach der Tat bestraft wird[147] – er wird an einen Felsen im Kaukasus gekettet, und ein Adler frisst von seiner sich permanent erneuernden Leber. Der Wechsel vom Phaeton-Mythos zum Prometheus-Mythos ist ein Wechsel vom Menschen als Naturwesen zum Menschen als Kulturwesen, vom Menschen, dem Naturprozesse widerfahren, zum Menschen, der mittels einer Technologie Naturprozesse gestaltet.

Vor dem Hintergrund unserer reflexiven Rekonstruktion lässt sich nun genauer bestimmen, worin das Geschenk der Götter, das die Zivilisation bringt, besteht. Das Feuer ist ja schon auf der Erde vorhanden. Die Übergabe an den Menschen bewirkt, dass er es mittels einer Technologie zu beherrschen beginnt. Die Entwicklung der Technologie setzt aber die Koordination menschlicher Handlungen mittels der oben beschriebenen Zeichenhandlungen voraus. Demnach ist das Geschenk des Feuers das Geschenk der Fähigkeit, mithilfe von Zeichenprozessen Naturprozesse zu perspektivieren und damit koordiniertes Handeln als Grundlage der Entwicklung von Technologien zu ermöglichen. Darin besteht der eigentliche Übergang vom Natur- zum Kulturwesen, wobei der Mythos auf die Fragilität und Ambivalenz dieses Prozesses aufmerksam macht, indem er der Übergabe des Geschenks eine Geschichte von Lüge und Betrug vorausgehen lässt.

Bei den Mythen handelt es sich um die Herstellung einer »Feuererfahrung« vermittels einer Erzählung. In den Mythen wird nicht die Welt beschrieben, sondern eine Welt hergestellt, das heißt, sie besagen nichts über die Welt, wie sie ist, sondern bieten ein Modell, eine mediale Strategie an, wodurch die Welt gesehen werden kann.

Handelte es sich beim Mythos um eine Aneignung eines Teils der Welt, in diesem Fall des Feuers, durch eine bestimmte Perspektivierung der Erfahrung, so findet in Platons Sokrates-Dialogen eine Distanzierung von der Erfahrungsebene statt.[148] Nicht nach der unmittelbaren Erfahrung wird gefragt, sondern, die Kenntnis von Feuersituationen voraussetzend, danach, welchen Gegenstand das Wort »Feuer« überhaupt bezeichnet. Es vollzieht sich also nicht eine Perspektivierung einer Situation durch das Zeichen, sondern eine Reflexion auf dessen Verwendung. Und dies geschieht, indem das Zeichen »Feuer« in Beziehung zu anderen Zeichen gesetzt wird. So ordnet im Dialog *Timaios* der Pythagoräer Timaios von Lokroi das Feuer den Elementen zu, die jeweils aus kleinsten Teilen aufgebaut sind. Dabei werden dem Feuer bestimmte Eigenschaften zugesprochen: Sein Atom hat »die schärfste Spitze«. Es ist »von Natur aus das beweglichste […], indem es allerwärtshin das schneidenste und schärfste von allen ist sowie auch das leichteste, da es aus den wenigsten gleichförmigen Teilen besteht«.[149] Trifft nun die Erde mit den Feuer zusammen, so wird sie durch »dessen Schärfe aufgelöst«.[150]

Indem durch die Distanzierung mittels Zeichen der Naturgegenstand Feuer Teil eines theoretischen Zusammenhangs wird – in diesem Falle einer atomistischen Theorie –, wird er unabhängig von der spezifischen Erfahrungsebene rein auf der Zeichenebene verhandelbar. Und in dieser Betrachtungsweise überlebte der Gegenstand die Jahrhunderte bis zum Beginn der Neuzeit, denn nicht nur die Neo-Atomisten des 17. Jahrhunderts beschrieben die Feuerpartikel in einer ähnlichen Weise wie Timaios, auch Galilei verwendete diese Sprache, wenn er über Prozesse in der Metallurgie sprach: »Indem die winzigen Feuerpartikel in die Poren des Metalls eindringen und dessen Zwischenräume füllen […], befreien sie die Metallpartikel vom Zwang der Kohäsion.«[151]

Zu Beginn der Neuzeit traf diese atomistische Theorie des Feuers auf die Lehren der Alchemie,[152] nach deren Vorstellung Mineralien und Metalle im Erdinnern leben wie Pflanzen. Im Gegensatz zum Atomismus als einer Lehre, bei der anorganische Partikel die Grundlage bilden, handelt es sich bei der Alchemie um eine Lehre, bei der das Organische im Zentrum steht. Dabei durchläuft die Materie zyklisch die alchemistischen Stadien von Geburt, Reife, Tod und Wiedergeburt. Die zentrale Phase stellt die Fäulnis dar, da sich an sie, als der Phase der Überreife, der Tod anschließt, aus dem heraus der neue Zyklus entsteht. Das Feuer, nicht in seiner Reinform, sondern als feuchte Wärme, befördert diesen Prozess der Fäulnis und des Neuanfangs, wobei der Zustand der »feuchten Wärme« hier zwischen den beiden Extremen »Weltbrand« und »Überflutung« vermittelt. Es ist die Aufgabe des Alchemisten, durch die Erzeugung von Feuer die natürlichen Prozesse der Zersetzung und Neuschöpfung zu befördern. Das Feuer wirkt in diesen Fällen wie eine eigens von außen zugeführte Kraft. Entscheidend dabei ist, dass die organische Wärmegrenze im Sinne des zu erhaltenden Gleichgewichts nicht überschritten wird.

Am Beispiel des Feuers wird bereits jetzt deutlich, dass die Natur nicht etwas Konstantes darstellt, sondern Teil einer sich in Zeichen artikulierenden Kulturgeschichte ist, die sich verändert. In dem Moment nämlich, in dem das Zeichen für Feuer nicht mehr nur als Hinweis, als Index, innerhalb einer Situation verwendet wird, sondern gleichzeitig in Beziehung zu anderen Zeichen steht, also Teil eines kulturellen Zusammenhangs ist, verändert es sich mit diesem Zusammenhang: Steht die Bedeutung des Feuers in Platons *Timaios* im Kontext eines atomistischen Naturverständnisses, ist sie bei den Alchemisten Teil einer Kosmologie, in deren Zentrum organische Prozesse stehen.

Die Kulturgeschichte des Naturphänomens Feuer endete aber nicht bei den Alchemisten, vielmehr fand eine weitere, grundlegende Bedeutungsverschiebung in dem Moment statt, in dem Feuer mit dem Kraftbegriff der Mechanik verbunden wurde. Wurde die Mechanik traditionell als List verstanden, die Elemente von ihren Bewegungen abzulenken,[153] wollten Leibnizianer und Kartesianer das Vermögen, »anderes zu bewegen«, mit dem Begriff der *vis viva*, der lebendigen Kraft, erklären. Jacob Leupold (1674–1727) wiederum bestimmte in seinem Hauptwerk *Theatrum Machinarum Generale*, in dem die Technik nach der Vier-Elemente-Lehre gegliedert ist, den Zusammenhang zwischen Kräften und Maschinen wie folgt: »Ich halte aber vor besser alles dasjenige, was eine Bewegung verursachet, eine Krafft und alles, was die Krafft vermehret, eine Maschine zu nennen.«[154] Mit dem Kraftbegriff rückte sodann der Antrieb einer Bewegung ins Zentrum, wie sich etwa an »Der Wind treibt die Windräder an« oder »Das Wasser setzt die Wasserräder in Bewegung« leicht ablesen lässt.

Das Feuer selbst entfaltete seine volle Antriebskraft jedoch erst mit der Erfindung der Dampfmaschine durch Thomas Newcomen (1712) beziehungsweise durch James Watt (1769), wobei das Element Feuer in Bezug auf die Dampfmaschine eine andere Rolle spielte als die Antriebskräfte Wind und Wasser. Wind- und Wasserräder fingen natürliche Bewegungen ein, um sie in mechanische Antriebskräfte zu übersetzen. Bei der Nutzung der »Feuerkraft« hingegen verschwand das Element Feuer in einem Umwandlungsprozess: Das Feuer geht im Dampf auf, dieser wiederum wird in mechanische Kraft umgewandelt, die sodann über Transmission die Werkzeugmaschinen antreibt.

Man konnte zwar schon vor der Erfindung der Dampfmaschine beispielsweise mithilfe von Gewichten einen Antrieb erzeugen, aber bereits Leupold hatte erkannt, dass man dazu zuerst Arbeit in das Gewicht hineinstecken musste. Demgegenüber bewegten sich bei den Dampfmaschinen die Räder wie von selbst. Diese Selbstbewegung, diese animistische Eigenschaft der Dampfmaschine, die als Zeichen für das Leben galt, trug nicht nur zum Erfolg der Dampfmaschinen bei, sondern förderte vielmehr auch die Vorstellung von der Produktivkraft der Natur, die bei den Physiokrat:innen in der Vorstellung einer unendlich produktiven Landwirtschaft angelegt war und Karl Marx dazu veranlasste, in der automatisierten Fabrik einen »gewaltigen Organismus« des Produzierens zu sehen.[155]

Die Vorstellung vom Feuer als einem besonderen Stoff, einem Wärmestoff, bestand noch während des gesamten 18. Jahrhunderts und hatte ihren Ursprung in der Vier-Elemente-Lehre, in der jedes Element als eine besondere Form der Materie galt. Parallel dazu begann sich aber die Auffassung zu etablieren, dass Wärme ein Bewegungszustand der Materie sei.[156] Zum Durchbruch letztgenannter Auffassung verhalf die Wirkungsweise der Dampfmaschine, die dabei das Element Feuer als Gegenstand der Naturwissenschaft verdrängte. Wurde der Umwandlungsprozess nämlich zunächst im

Sinne der klassischen Vier-Elemente-Lehre als die Verwandlung der Kraft des Feuers in die Kraft der Luft und dann in eine mechanische Kraft verstanden, so erlaubte es die Konstruktion der Maschine nun, diese Umwandlung der Kräfte als einen Prozess zu verstehen, bei dem die Materie zwar verschiedene Zustandsänderungen durchläuft, aber gleichzeitig etwas erhalten bleibt: Energie.[157]

Die Dampfmaschine als kultureller Gegenstand veränderte somit unsere Sichtweise auf natürliche Prozesse. Dabei ließ sie weder die Natur verschwinden, noch ersetzte sie diese, sondern sie gliederte sie neu. Dabei wurde über die Integration des Feuers als Kraft in ein mechanisches Denkgebäude letztlich eine Lesart der Industriekultur als einer organischen Naturproduktion möglich. Genau genommen handelte es sich um einen mechanischen Organismus, innerhalb dessen die Maschinenkraft in Konkurrenz zur menschlichen Arbeitskraft trat und diese transformierte: Im Vergleich zur menschlichen Handarbeit verbesserten die durch Dampfkraft angetriebenen Maschinen nicht nur die Präzision, sondern verbanden dies auch noch mit einer zuvor nie gekannten Produktivität. Dies führte dazu, dass die durch Dampfkraft angetriebenen Arbeitsmaschinen zum Modell für Arbeit schlechthin wurden und damit den Begriff der Arbeit mechanisierten[158] – Arbeit wurde zur physikalisch-mechanischen Kraftleistung.

Während sich also in der Industrie des 19. Jahrhunderts über die Verwendung der Mechanik, in der das Naturelement Feuer in eine Kraft umgedeutet wurde, die Naturalisierung menschlicher Körper weiter fortsetzte, fand zugleich eine buchstäbliche Entwertung der Arbeiter:innen statt. Wie im Anthropos-Kapitel aufgezeigt, anthropologisierte John Locke die Arbeit. Die Arbeit war für ihn der große Transformator, der Natur in Kultur und dabei herrenloses Land in Besitz umwandelte. In diesem Sinne definierte Locke die Arbeit als den ureigensten Besitz jeden Bürgers, der selbst dann noch erhalten bleibe, wenn das vom Menschen bearbeitete Land in die Hände der reichen Bevölkerung gefallen sei. Es war diese Form von Besitz, die den Arbeiter in Lockes Marktgesellschaft zu einem wenn auch nicht gleichwertigen, so doch zumindest handlungsfähigen Akteur machte. In der expandierenden Industriegesellschaft erfuhr nun jedoch genau dieser Besitz eine Entwertung aufgrund der Konkurrenz durch die Maschinen, was mitunter dazu führte, dass die großen Industrieanlagen im 19. Jahrhundert immer stärker als monströs wahrgenommen wurde, als ein Ungeheuer, das die Menschen verschlinge. Marx sprach in diesem Kontext von Vampirismus: Dem Menschen werde das Blut und damit der Lebenssaft ausgesogen. Es bleibe – und das entspricht der Naturalisierung des Körpers – die bloße Hülle.[159] Eine unmittelbare Folge dieser Entwicklung waren die großen Arbeitskämpfe, die oft auch ein direkter Kampf gegen die Maschinen waren.

An dieser Entwicklung des Natur/Kultur-Verhältnisses lässt sich nun bereits eine Logik ablesen, die mit der »Great Acceleration« im 20. Jahrhundert weiter an Fahrt gewinnen sollte: Die Veränderungen der Perspektive auf die Natur – deren Treiber neue Technologien, verbunden mit den Naturwissenschaften, waren – führten durch eine Reorganisation der Zeichenbeziehungen als Teil der Kultur zu einem neuen Naturverständnis. Dies geschah im Falle der Geschichte des Feuers durch dessen Kontextualisierung innerhalb der Mechanik unter Bezug auf den Kraftbegriff. Als Naturelement wiederum verschwand das Feuer – gleichwohl es über die fossilen Energieträger Kohle, Erdgas und Erdöl zur Hauptantriebskraft der anthropozänen Entwicklungen des 20. Jahrhunderts wurde, das sich, bezogen auf die Kosmologie der vier Elemente, zum Zeitalter des Feuers emporhob – aus der wissenschaftlich-technologischen Betrachtungsweise in dem Moment, in dem der Kraft- durch den Energiebegriff ersetzt wurde. Zugleich wirkte dieses Naturverständnis zurück auf die Kultur, was nicht nur den Begriff der menschlichen Arbeit, sondern die sozialen Beziehungen innerhalb der Gesellschaft grundlegend veränderte.

Immer wieder beeinflussen sich die Entwicklung von Technologien, als Vergegenständlichung von Wahrnehmungsweisen, und neue Wahrnehmungsweisen gegenseitig. Führte die Vorstellung einer lebendigen Kraft zu Maschinen, bei denen der Antrieb im Zentrum stand, entwickelte sich aus den von Dampf angetriebenen Maschinen der Begriff der Energie, deren Treiber im 19. und vor allem 20. Jahrhundert die sich der Tiefenzeit der Erde verdankenden fossilen Stoffe Kohle, Erdgas und Erdöl wurden. Die Vergegenständlichung dieses neuen Perspektivenparadigmas hatte sodann die Entwicklung von neuen Technologien wie Raffinerien zur Folge. In diesem Sinne sind Raffinerien, Öl-, Gas- und Kohleinfrastrukturen kulturelle Gegenstände, die mit den Wärme- und Mobilitätstechnologien im Anthropozän wiederum an der Entstehung eines neuen Makroobjekts beteiligt waren: des Klimas.[160]

Natürlich gab es das Klima schon vor dem Anthropozän. Aber da es im Holozän mit kleinen Schwankungen mehr oder weniger konstant war und keinen direkten Einfluss auf die Alltagswelten hatte, stellte es ein Hintergrundphänomen dar. Man musste sich nicht damit auseinandersetzen, es nicht weiter beachten. Genau das aber hat sich im Anthropozän geändert. Trockenperioden und Überschwemmungen, die Menschen aus ihren gewohnten Habitaten vertreiben, eine Zunahme an Tornados und Hurrikans, die ganze Stadtlandschaften verwüsten, haben das Klima zu einem Gegenstand gemacht, der nicht mehr im Hintergrund die Szenerie ausstaffiert, sondern als zentraler Akteur im Vordergrund agiert. Das heißt, das Klima wird durch die menschlichen Interventionen dynamisiert.

Mit dem Klima betritt jedoch ein Objekt die Bühne, das unseren normalen Erfahrungshorizont sowohl zeitlich wie räumlich überschreitet. Es stellt sich dar als ein Makrogegenstand:[161] Wir können das Klima, anders als Regen und Wind, die wir auf unserer Haut spüren, in den Straßen und Feldern sehen können, nicht unmittelbar über unsere Sinne erfahren. Es ist in diesem Sinne ein über Zeichen mediatisierter Gegenstand. Nichtsdestotrotz ist das Klima in diese Wetterphänomene eingeschrieben. Mittelbar – und das heißt über Zeichen vermittelt – erfahrbar wird es durch Wetterstationen, die Daten liefern, auf deren Grundlage das Klima simuliert werden kann. Der Umgang mit dem Makrogegenstand Klima verlangt demnach die Fähigkeit, verschiedene Größenordnungen skalieren zu können – von der konkreten Erfahrung bis hin zur planetarischen Ebene.

So gesehen ist das Klima einerseits ein Gegenstand, der im Zusammenspiel von kulturellen Gegenständen und natürlichen Prozessen erzeugt wird, und andererseits ein Gegenstand, der zu seiner Darstellung sowohl wissenschaftlicher Theorien wie medialer Vermittlung bedarf. Mit Bruno Latour könnte man von einem »hybriden Objekt« sprechen, zumal es ihm dabei wesentlich um die Überwindung des Natur/Kultur-Dualismus der Moderne geht.[162] Dies stimmt mit den bisherigen Ausführungen insofern überein, als auch hier Natur und Kultur einander nicht im Sinne fester Ontologien gegenübergestellt werden. Vielmehr gilt es zu begreifen, wie über die Veränderung der Perspektiven neue Gegenstände entstehen, wobei Ontologie und Epistemologie als zwei Teile eines dynamischen Prozesses verstanden werden, in dem die Unterscheidung zwischen natürlichen und kulturellen Gegenständen gleichwohl von Interesse ist. Der Verweis auf natürliche Gegenstände macht nämlich deutlich, dass wir in der Auseinandersetzung mit der Welt nicht nur Handelnde sind, sondern dass uns – im Sinne des Dialogmodells – etwas in der Interaktion mit anderen und der Welt widerfährt, was sich unserem Verständnis und der Kontrolle zunächst entziehen beziehungsweise über es hinausweisen kann. Im Kontext naturwissenchaftlicher Forschung prägte Hans-Jörg Rheinberger dafür den Begriff »epistemische Objekte«.[163] Epistemische Objekte haben für Rheinberger im Wesentlichen vier Eigenschaften:[164] Neben einer spezifischen Materialität zeichnen sie sich durch eine Eigenwilligkeit, eine Widerständigkeit gegen ihre begriffliche Erfassung aus und »müssen noch etwas zu wünschen übrig lassen«. Sie bieten das Versprechen an, auf etwas Neues zu stoßen. Es ist die Aufgabe der Experimentalsysteme moderner Wissenschaften wie der Molekularbiologie, einen kulturellen Zugang zu neuen epistemischen Objekten zu eröffnen, die durch sie erfahrbar gemacht werden. In dem hier vorgestellten Ansatz entsprechen diese epistemischen

Objekte den natürlichen Objekten. Diese stehen uns nicht einfach zur Verfügung, sondern werden erst in eigenen kulturellen Verfahren sichtbar gemacht. Oder anders formuliert: Die Ontologien werden epistemologisch erzeugt.

Ist die Entwicklung des Anthropozäns einerseits durch eine exponentielle Zunahme menschlicher und damit kultureller Interventionen in das Erdsystem geprägt, sodass immer mehr »hybride Objekte« entstehen, machen wir andererseits die beunruhigende Erfahrung, dass damit keineswegs die Kontrolle über das System einhergeht, ist doch die wachsende Zahl an Krisen eher ein Zeichen für die Zunahme von Prozessen, die sich jenseits unserer Vorstellungen und Begriffe manifestieren. Um das Widerständige und Unvorhergesehene dieser Prozesse in unseren Weltentwürfen artikulierbar zu machen, wird daher hier die Rede von natürlichen Objekten beibehalten.

103

Die Monster des 19. und 20. Jahrhunderts

Diese Geschichte des Anthropozäns beginnt vor einhundert Jahren, im Frühjahr des Jahres 1915. Und sie beginnt mit einem Selbstmord. Es ist die Nacht zum 2. Mai. Der Erste Weltkrieg ist in vollem Gange. Die Deutschen haben am 22. April zum ersten Mal Chlorgas in großem Umfang in der zweiten Schlacht von Ypern eingesetzt. Clara Immerwahr hat sich die Dienstwaffe ihres Mannes besorgt, um sich mit ihr in dieser Nacht zu erschießen.

Clara Immerwahr war promovierte Chemikerin und über die Anwendung ihrer Wissenschaft im Krieg entsetzt. Sie war verheiratet mit Fritz Haber, der 1911 zum Direktor des neu gegründeten Kaiser-Wilhelm-Instituts für Physikalische Chemie und Elektrochemie berufen worden war und mit seinen Versuchen den Giftgaskrieg mit vorbereitet hatte. Seine Frau hatte er vor dem Selbstmord aufs Heftigste für ihre illoyale Haltung ihm wie dem Vaterland gegenüber kritisiert.[165]

Um das Monströse dieses Ereignisses, in dem unterschiedliche Denk- und Materieströmungen der Jahrzehnte davor aufeinandertrafen, richtig einordnen zu können, müssen wir jedoch den Beginn unserer Geschichte noch einmal um einhundert Jahre in die Jahre 1815/1816 vorverlegen, auf einen Zeitpunkt nämlich, als ein anderes berühmtes Monster geschaffen wurde. Auf einen Zeitpunkt, an dem sich Natur- und Literatur- beziehungsweise Kultur- und Technikgeschichte auf eine besondere Art und Weise kreuzten und dabei Prozesse in Gang setzten, die wesentlich das Anthropozän und dessen Verständnis prägen sollten.

Mary Shelley (damals noch Godwin) und ihr zukünftiger Ehemann Percy Bysshe Shelley verbrachten den Sommer in der Schweiz bei Lord Byron und dessen Leibarzt John Polidori. Die Landschaft am Genfer See, in dessen Nähe die Villa lag, versprach ein wunderbares Naturerlebnis. Leider wurde daraus nichts, da sie wegen des extrem schlechten Wetters das Haus kaum verlassen konnten. Aber sie erfanden schnell einen Ersatz als Kompensation für das Wandeln in der Natur – Mary Shelley und John Polidori begannen, Gruselgeschichten zu schreiben und sie sich und den anderen vorzulesen. Es war hier, im Jahr 1816, das als das »Jahr ohne Sommer« in die Natur-/Kulturgeschichte eingehen sollte, dass Mary Shelley *Frankenstein; or, The Modern Prometheus* schuf und John Polidori die Kurzgeschichte »The Vampyre«.

Die Ursache für dieses ungewöhnlich kalte Jahr wurde erst 1920, also mehr als hundert Jahre später, von dem Klimaforscher William Jackson Humphreys entdeckt. Sie fand sich Tausende von Kilometern entfernt in Indonesien. Dort war auf der Insel Sumbawa im April 1815 der Vulkan Tambora ausgebrochen und hatte neben Staub und Asche Megatonnen von Schwefelverbindungen in die Luft gespuckt. Als unmittelbare Folge davon starben zwischen fünfzig- und achtzigtausend Menschen.

Die Staubteilchen, die durch Luftströmungen rund um die Erde verteilt wurden, kühlten das Weltklima für mehrere Jahre ab. Dies wiederum hatte eine direkte Auswirkung auf die Ökonomien und Kulturen der betroffenen Gebiete, was auch in Europa aufgrund niedriger Temperaturen und Regenfälle zu Missernten und Hungersnöten führte. Der Getreidepreis stieg in Teilen Deutschlands im Jahr 1817 bis zum Vierfachen des Preises von 1815.

Die Staubkörner des Vulkans Tambora bescherten Europa aber nicht nur eine Ernährungskrise. Sie regten eben auch die Fantasie einer Schriftstellerin an, über technologischen Fortschritt nachzudenken – schließlich entpuppt sich das Frankensteinbuch ja zunächst als eine technologische Utopie: Ausgestattet mit dem Wissen der Alchemisten von Cornelius Agrippa und Albertus Magnus bis Paracelsus und einem Studium der Naturwissenschaften an der Universität in Ingolstadt, gelingt es Viktor Frankenstein, Leben zu erschaffen, das heißt, naturwissenschaftliches Wissen und die entsprechenden Technologien ersetzen die natürlichen Prozesse. Der Mensch erschafft Natur, ja sogar Leben.

Darüber hinaus stießen die durch den Staub des Vulkans entfachten Hungersnöte auch bedeutende soziale Reformen an und führten zu bahnbrechenden technologischen Entwicklungen. Als unmittelbare Reaktion wurden etwa Wohltätigkeitsvereine gegründet, die die Katastrophenhilfe organisierten. Es kam aber auch zur Einrichtung der Württembergischen Sparkasse und der Universität Hohenheim, die von Wilhelm I. als landwirtschaftliche Unterrichts-, Versuchs- und Musteranstalt konzipiert wurde. Geprägt von den Hungersnöten, begann sich Justus von Liebig für die Landwirtschaft und deren Bedürfnisse zu interessieren. Sein erklärtes Ziel dabei war es, die Erträge zu steigern, da neben den schlechten Witterungsbedingungen im 19. Jahrhundert ein rasantes Bevölkerungswachstum einsetzte. Durch seine Forschungen konnte von Liebig beweisen, dass Stickstoff, Phosphate und Kalium das Wachstum von Pflanzen erheblich beförderten. Dies hatte beträchtliche Konsequenzen für den Welthandel, denn plötzlich wurde ein Rohstoff interessant, auf den schon Alexander von Humboldt hingewiesen hatte und den Europa vor allem aus Lateinamerika und von den pazifischen Inseln importierte: der durch die Ausscheidungen von Seevögeln und Fledermäusen, vermischt mit Harnsäure, vor allem auf kalkreichen Böden entstehende Guano, der Stickstoffe in Form von Nitraten in kondensierter Weise zur Verfügung stellte. Der Einsatz dieses neu gewonnenen Düngemittels verbesserte die Ertragssituation der Landwirtschaft in der zweiten Hälfte des 19. Jahrhunderts immens, sodass die Ernten teilweise verdoppelt werden konnten.

Aus Guano lassen sich allerdings auch die Nitrate gewinnen, die als Salpeter bekannt sind. Salpeter wiederum diente als Rohstoff für Dünger und Sprengstoff und war deshalb bis weit in die erste Hälfte des 20. Jahrhunderts heiß begehrt. Chile hatte sich im Salpeterkrieg von 1879 die Abbaurechte gesichert und wurde somit zum Hauptrohstofflieferanten eines Guts, das in Europa gleichermaßen die Grundlage für die Ernährung und damit das Leben sicherte, wie die Ingredienzien für dessen Vernichtung bereitstellte. Der

Rohstoff wurde lange Zeit mittels Frachtseglern, die ihre Route um Kap Hoorn nahmen, über den Seeweg nach Europa transportiert. Die Bedeutung, die Salpeter als Rohstoff sowohl für Ackerbau wie für die Kriegsführung in Deutschland hatte, lässt sich daran ablesen, dass Deutschland noch im Jahre 1913 800 000 Tonnen im Wert von 120 Millionen Mark importierte, weshalb zu Beginn des Ersten Weltkrieges das zentrale Ziel der britischen Seekriegsführung darin bestand, die Zufuhr dieses Rohstoffs durch eine Blockade zu unterbinden. Allerdings hatte sich in den Jahrzehnten nach Justus von Liebig die wissenschaftliche Erforschung chemischer Prozesse weiterentwickelt. Der zunehmende Druck durch eine stetig wachsende Bevölkerung stimulierte die Forschung am Ende des 19. Jahrhunderts, nach Möglichkeiten einer künstlichen Herstellung von Düngern durch die Analyse der grundlegenden chemischen Abläufe zu suchen. Der Durchbruch gelang schließlich Fritz Haber, als er ein katalytisches Verfahren zur Synthese von Ammoniak aus dessen Elementen Stickstoff und Wasserstoff entwickelte. Aus Ammoniak lassen sich zusammen mit Salpetersäure Düngemittel und Sprengstoff herstellen. 1918 erhielt Fritz Haber für diese Entdeckung den Nobelpreis.

Zuvor hatte er aber das Verfahren gemeinsam mit Carl Bosch so weiterentwickelt, dass es industriell nutzbar gemacht werden konnte. Dies geschah in enger Zusammenarbeit mit der BASF, die 1910 ein Patent daraufanmeldete. Mit dem Haber-Bosch-Verfahren waren die Grundlagen für die Ernährung einer geradezu explosionsartig wachsenden Bevölkerung im 20. Jahrhundert gelegt worden. Es erlaubte eine Weltjahresproduktion von mehr als hundert Millionen Tonnen Stickstoffdünger.

Gleichzeitig verhinderte es aber auch den Zusammenbruch der deutschen Munitionsproduktion, der durch den Importstopp des Salpeters aus Chile dem Deutschen Reich drohte. Denn die Oberste Heeresleitung hatte die Bedeutung der wissenschaftlichen Erkenntnisse und ihrer technologischen Umsetzung längst erkannt und sich in einem Vertrag, dem sogenannten Salpeterversprechen, finanziell dazu verpflichtet, den Bau entsprechender Anlagen zu fördern. Fritz Haber wiederum ließ sich 1914 einberufen und stellte seine Forschung in den Dienst der Kriegsführung. Seine Forschung zum Chlorgas machte ihn zum »Vater des Giftgaskrieges« – und damit sind wir wieder am Beginn dieser Geschichte angekommen: Es war der Konflikt mit ihm, dem aufgrund erster Erfolge zum Hauptmann beförderten Kriegskollaborateur Fritz Haber, der Clara Immerwahr in den Selbstmord trieb, und es war seine Pistole, die als Waffe bei dieser Tat diente. Auf der individuellen Ebene artikulierten sich die neu geschaffenen Monster demnach im Selbstmord Clara Immerwahrs. Auf der Ebene des Krieges wiederum betraten sie unter anderem in Form des Giftgases die Weltbühne, mit dem die deutsche Heeresführung bewusst bestehende Grenzen der Kriegsführung überschritt, um den Feind zu terrorisieren. Damit feierte sie, folgt man dem Bericht des Majors Villevalleix, der in einem Anruf an den französischen General Mordacq folgende Szene des Grauens schilderte, zunächst sogar Erfolge:[166] »Jetzt breiten sich ungeheure gelbe Rauchwolken, die von den deutschen Gräben herkommen, über meine ganze Front aus. Die Schützen fangen an, die Gräben zu verlassen und zurückzugehen. Viele fallen erstickt nieder.« Der herbeigeeilte General nahm einen »unerträglichen Chlorgeruch« wahr und sah »Flüchtende wie Wahnsinnige ins Ungewisse« laufen, dabei »nach Wasser« schreien und Blut spucken.

Die naturgeschichtlichen, wissenschaftlichen, technologischen, kulturgeschichtlichen und politischen Entwicklungen, die sich durch die Ereignisse 1815/1816 zu entfalten begonnen hatten, ermöglichten den Ersten Weltkrieg, die Rückkehr der Barbarei in das Herz der sogenannten Zivilisation, und schufen dabei eine Reihe Monster. Die Monster verblieben nicht mehr auf der Ebene der Zeichen wie in der Antike,[167] sondern intervenierten innerhalb der Realität – die Denkmodelle dienten nicht mehr dazu, mit der Realität umzugehen, sondern schufen neue Realitäten.

Wer aber sind diese Monster, die Mary Shelley mit ihrem Frankensteinroman im Jahre 1816 angekündigt hatte? Zur Beantwortung dieser Frage ist es hilfreich, sich die inhaltliche Entwicklung des Romans vor Augen zu führen.

Wie gesagt, ist das Experiment Viktor Frankensteins zunächst erfolgreich. Es gelingt ihm, Leben zu schaffen. Allerdings hat er sich dabei so sehr auf den technisch-funktionalen Prozess bei der Erschaffung von etwas Großem konzentriert, dass er die ästhetischen Gesichtspunkte von Gestalt und Aussehen vernachlässigt – das Ergebnis ist so hässlich und Furcht einflößend, dass weder Viktor noch andere Personen in der Lage sind, eine menschliche Beziehung zu der neu geschaffenen Kreatur aufzunehmen. Diese, alleingelassen und vernachlässigt, beginnt sodann, Wut auf die Menschen zu verspüren, die schließlich in Gewalt umschlägt. Die Entwicklung zum Monster setzt also erst ein, als versäumt wird, die geschaffene Kreatur in eine soziale und kulturelle Interaktion einzubeziehen. Erst zu diesem Zeitpunkt beginnt sie, eine eigene, losgelöste Logik zu entwickeln, mit tödlichem Ausgang, das heißt, das Monster entsteht durch die nicht intendierten Nebenfolgen des Schaffensprozesses. Zwar erschafft Viktor Frankenstein die neue Kreatur, doch hat er nicht alle Gesichtspunkte im Blick und noch weniger unter Kontrolle. Und so setzt er einen Prozess in Gang, der eine Eigenlogik entwickelt. Aus der bearbeiteten Materie entsteht ein eigener Akteur – das, was einmal Ding, Materie war, wird zum Zeichen. Es ist nicht nur eine Fehlentwicklung, es führt diese auch vor Augen (»demonstrare«). Es gewinnt Bedeutung für einen Kulturprozess, dem es den Spiegel vorhält. Im Monster artikuliert sich der Schattenbereich eines Erkenntnisprozesses, der sich selbst mit Lichtmetaphern beschreibt.

Der Gaskrieg ist dafür ein gutes Beispiel: Die wissenschaftlich-technologische Fähigkeit, Chlorgas und später andere Gase herzustellen, wurde dazu genutzt, traditionelle Grenzen der Kriegsführung und des Umgangs mit Menschen zu überschreiten. Man war bereit, den Vorsprung an Wissen und Erkenntnis zu nutzen, um den anderen in einen grausamen Tod zu treiben. An die Stelle von Geschossen traten Gase, die nicht mehr nur Einzelne trafen, sondern einen ganzen Landstrich, einen ganzen Lebensraum so vergifteten, dass Menschen und andere Lebewesen daran zugrunde gingen.[168] Das heißt, die Grundlage des Lebens wurde vernichtet – der Krieg wurde total. Damit entglitt er aber auch der scheinbaren Kontrolle durch die Akteur:innen. So kam es immer wieder vor, dass sich die Windrichtung änderte und das Gas zu den gasnutzenden Akteur:innen zurückwehte, mit tödlicher Wirkung. Der Akteur wurde zum Opfer. Das erschaffene Monster richtete sich gegen ihn.

Das hier entwickelte Narrativ zeigt, wie im 19. Jahrhundert permanent mit Wissenschaft und Technologie auf natürliche Prozesse und Herausforderungen reagiert wurde und dabei sowohl eine zweite Natur als Lösung für die Probleme wie deren Schatten in Form von Monstern geschaffen wurden. Und ebendieser Schaffung von Monstern im 19. und 20. Jahrhundert liegt eine Logik zugrunde, die die Frankensteingeschichte vor Augen führt – das Monster dieser Geschichte wird zum *grundlegenden Denkbild des Anthropozäns*: Viktor möchte einen Menschen erschaffen, das heißt ein Wesen, mit dem er interagieren kann. Indem er aber ein Wesen kreiert, mit dem niemand etwas zu tun haben will, degradiert er es zu einem Objekt, zu einem Produkt eines technologischen Prozesses, dem er verständnislos gegenübersteht und dessen Kontrolle nicht mehr in seiner Hand liegt.

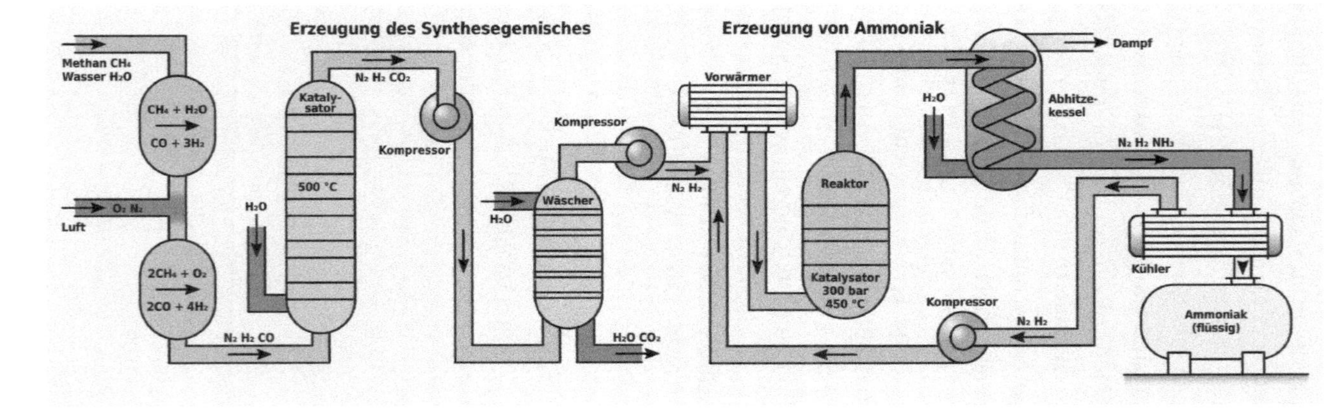

Erzeugung des Synthesegemisches
Erzeugung von Ammoniak
Methan CH_4
Wasser H_2O
$CH_4 + H_2O \rightarrow CO + 3H_2$
Luft
O_2 N_2
$2CH_4 + O_2 \rightarrow 2CO + 4H_2$
N_2 H_2 CO
H_2O
Kataly-
sator
500 °C
N_2 H_2 CO_2
Kompressor
H_2O
Wäscher
H_2O CO_2
Kompressor
N_2 H_2
Vorwärmer
Reaktor
Katalysator
300 bar
450 °C
H_2O
Abhitze-
kessel
Dampf
N_2 H_2 NH_3
Kühler
Kompressor
N_2 H_2
Ammoniak
(flüssig)

Kriege und Bevölkerungsentwicklung

Es waren die Kriege, allen voran die zwei Weltkriege, die die technologische und damit auch die anthropozäne Entwicklung im 20. Jahrhundert vorantrieben und die – nicht zuletzt durch den Abwurf der Atombomben auf Hiroshima und Nagasaki – vor Augen führten, welche Energien der Menschheit zur Verfügung stehen, nämlich Energien, die die ganze Erde zerstören können. Der Atompilz über Hiroshima wurde ein Bild für die planetarische Zerstörungskraft des Menschen.

Auch wenn dieses Bild dazu beitrug, dass es in der zweiten Hälfte des 20. Jahrhunderts nicht zu einem Atomkrieg kam, wurde doch über Jahrzehnte in der Atomkraft die Lösung aller Energiefragen der Menschheit gesehen. Und so verbreiteten sich die Radionuklide der Atomtests über die ganze Erde, der Atommüll konfrontiert Gesellschaften und Politik mit nicht mehr berechenbaren Risiken für die Zukunft des Lebens.

Die technologische Umgestaltung der Welt mit einer synthetischen Herstellung neuer Explosivstoffe machte aber auch bereits aus dem Ersten Weltkrieg ein Ereignis, in dem eine industrielle Kriegsführung das Zerstörungspotenzial moderner Zivilisation erkennbar werden ließ. Ende 1914, kurz nach seinem Beginn, wäre der Krieg wahrscheinlich schon von der deutschen Seite beendet worden, wäre er mit den Mitteln des 19. Jahrhunderts geführt worden. Doch der schnelle Krieg scheiterte und endete in einem Stellungskrieg. Dieser konnte nur geführt werden dank der synthetischen Herstellung des Stickstoffs. Ermöglicht wurde diese durch das Haber-Bosch-Verfahren, das die BASF von der Labor- zur Industrieproduktion weiterentwickelt hatte. Erst dadurch wurde, wie schon im letzten Kapitel angeführt, das Deutsche Heer unabhängig von der Salpeterlieferung über die Meere, die die Seemacht

England zu unterbinden suchte. Im Kriegsjahr 1918 wurden bereits 200 000 Tonnen Stickstoff mit dem synthetischen Verfahren hergestellt, ungefähr so viel, wie vor dem Krieg an natürlichem Stickstoff eingeführt worden war.

Mit dem Haber-Bosch-Verfahren wurde der synthetisch zur Verfügung gestellte Stickstoff jedoch nicht nur ein Akteur im Krieg, er betrat über diesen auch die Weltbühne des 20. Jahrhunderts, die er wesentlich mitgestaltete, denn ohne das Haber-Bosch-Verfahren wäre die Bevölkerungsentwicklung des 20. Jahrhunderts nicht möglich gewesen. Ein Drittel der Menschheit verdankt heute seine Ernährung dem durch das Verfahren hergestellten künstlichen Stickstoff, der bereits im Ersten Weltkrieg nicht nur für das Töten und Zerstören eingesetzt worden war, sondern auch in Form von Düngemittel eine Hungersnot in der Bevölkerung verhindert hatte.

Pflanzen benötigen zum Wachstum Stickstoff, den sie aus dem Boden beziehen. Wurde vor dem Ersten Weltkrieg Stickstoff in Form von Nitraten der Salpetersäure als natürliches Düngemittel eingesetzt, mit dem sich im 19. Jahrhundert die Ernteerträge erheblich verbessern ließen, übernahm mit dem Haber-Bosch-Verfahren nun der synthetisch hergestellte Ammoniak diese Aufgabe. Der industriell hergestellte Stickstoff erschien wie ein Wundermittel für die Ernährung einer immer schneller wachsenden Menschheit, lieferten doch die mit ihm bearbeiteten Böden ein Dreifaches der normalen Erträge. Eine globale Durchsetzung der neuen Technologie erfolgte aber erst nach dem Zweiten Weltkrieg.[169]

Während des Zweiten Weltkrieges waren weltweit Anlagen vom Militär erbaut worden, die der Ammoniakproduktion und damit der Fixierung von Stickstoff zur Versorgung mit Sprengstoff dienten. Allein die USA hatte in den Kriegsjahren die Produktion von fixiertem Stickstoff auf über 900 000 Tonnen hochgefahren. Als nach dem Krieg die Militärs ihre Anlagen verkauften, überschwemmte künstlicher Dünger die Agrarmärkte geradezu. Er wurde nun weltweit vertrieben und erzeugte eine enorme Ertragssteigerung, die später in Ländern wie Indien als »Grüne Revolution« bekannt wurde.

Der Export der chemischen Technologie nach Indien und Lateinamerika leitete schließlich eine tiefgreifende Transformation ländlicher Agrarökonomien ein. Der Dünger wurde nicht mehr von den Bauern selbst hergestellt, sondern industriell angeliefert. Lokale Subsistenzwirtschaften mussten einer kapitalgetriebenen industriellen Produktionsweise weichen – die Ökonomie des synthetisch hergestellten Stickstoffs wurde zu einem Transformator jahrhundertealter Agrarwirtschaften.

Doch nicht nur soziale Verwerfungen durch Verschuldung und Abhängigkeit von Kapitalmärkten waren die Folgen. Die chemische Herstellung von Ammoniak brachte auch die natürlichen Stickstoffkreisläufe aus der Balance: Heute werden jährlich mehr als 115 Millionen Tonnen reaktiven Stickstoffs hergestellt. Dies ist mehr als das 150-fache der Menge, die im 19. Jahrhundert aus den Bergwerken Chiles zur Verfügung gestellt worden war. Damit fixiert der Mensch künstlich mehr Stickstoff als alle Bakterien in den Ozeanen oder auf dem Land, die natürlicherweise den Stickstoff binden und beispielsweise den Pflanzen zur Verfügung stellen. Der industriell hergestellte Dünger wird durch denitrifizierende Bakterien in der Regel wieder in Gase umgewandelt, die durch Flüsse in Flussmündungen, Seen, Meeresbuchten gelangen, wo sie ein unkontrolliertes Algenwachstum produzieren. Dabei breiten sich hypotoxische Todeszonen aus, in denen Fische nicht mehr überleben können, weil der von ihnen benötigte Sauerstoff von den Algen aufgezehrt wird. So kontaminierten etwa die durch den Mississippi in den Golf von Mexiko transportierten Stickstoffmengen, die aus der hochindustriellen Landwirtschaft des Mittleren Westens der USA stammen, Tausende von Quadratkilometern des Golfs von Mexiko. Gleichzeitig erzeugt der gewachsene Stickstoffanteil, der vor allem aus Autos, Kraftwerken und anderen Verbrennungsquellen entweicht, aber auch in der Atmosphäre aufgrund von Sonneneinstrahlung entsteht, photochemischen Smog und hat als Treibgas Einfluss auf den Klimawandel.

Das Haber-Bosch-Verfahren führt vor Augen, dass sich die Technologien der Moderne grundlegend von ihren prämodernen Vorläufern unterscheiden. Während letztere, wie Hammer und Spaten, wesentliche Erweiterungen menschlicher Handlungsfähigkeit waren, entstehen die neuen Technologien im Labor. Labore aber sind Orte mentaler menschlicher Konstruktion, in denen die Komplexität der Außenwelt auf einige Parameter reduziert wird. Sie machen den Umgang mit Realität nicht nur einfacher, sondern schaffen selbst eine neue Realität: So findet dank des Transfers der Laborergebnisse in große Industrieanlagen ein Skalierungssprung statt, der die Welten des 20. und 21. Jahrhunderts grundlegend verändert und den Menschen dabei zur Naturkraft werden lässt, die natürliche Kreisläufe verändert. Mit dem Haber-Bosch-Verfahren nimmt er bezogen auf den Stickstoffkreislauf die Rolle stickstofffixierender Bakterien ein, das heißt: Die Prozesse der Natur und Kultur verschmelzen miteinander.

Wunderkammer und Labor. Welterschaffung und Subjektbildung

Im Übergang vom Mittelalter zur Aufklärung, im 16. und 17. Jahrhundert, zu einer Zeit also, in der die Religion als Erklärungsmodell für die Welt schrittweise an Bedeutung verlor, trat an die Stelle von Bibel und scholastischen Texten die Auseinandersetzung mit der sinnlich erfahrbaren Welt. Und diese Welt wurde in den Wunderkammern gesammelt: Natürliche Objekte traten neben Artefakte, Exotika aus damals fernen Weltteilen neben Gegenstände des europäischen Alltags. Den Fürst:innen und Herrschenden dienten die wundersamen Objektsammlungen dazu, die Ordnung der materiellen Welt zu repräsentieren und sich als deren Besitzer:innen in Szene zu setzen. Für Wissenschaftler wie Kepler und Leibniz wurden dagegen die Wunderkammern zu Probebühnen des Wissens. In ihnen konnten sie an den Objekten ihre Sinne schulen, Unterscheidungen einüben. Sie dienten dazu, die wahrnehmbare Welt zu gliedern und zu ordnen. Aus der genauen Beobachtung entwickelte etwa der schwedische Forscher Carl von Linné seine Taxonomie der Pflanzenwelt, eine Grundlage moderner Nomenklaturen. Von Künstler:innen wiederum wurden die Wunderkammern genutzt, um ihre Malverfahren an den Objekten zu schulen. In diesem Sinne stellten die Wunderkammern Orte ästhetischer und wissenschaftlicher Wissensproduktion dar, Orte, an denen neue Zeichensysteme explorativ erprobt wurden.

Im Bereich der naturwissenschaftlichen Wissensproduktion gab es jedoch auch einen bedeutenden Konkurrenten: das Labor. Allerdings wurde dort nicht die wahrnehmbare Welt erforscht, sondern eine imaginierte Welt erzeugt. Dies verdeutlichen zum Beispiel Robert Boyles Experimente zum Vakuum:[170] Um diesen nicht sichtbaren Gegenstand herzustellen, entwickelte Boyle eine Apparatur, in der der Luftdruck mittels einer Pumpe schrittweise verringert wurde.

Spektakulär demonstrierte Boyle das Vakuum sodann mithilfe eines Vogels, der im luftentleerten Glaskolben erstickte – Experiment gelungen, die Herstellung des Vakuums war geglückt. Das Beispiel illustriert, wie die mentale Vorstellung des Vakuums in den Köpfen der Wissenschaftler:innen erst durch die Materialisierung in einer Versuchsanordnung real wird. Aus der Imagination entsteht ein Objekt in der über die normale Wahrnehmung hinaus erweiterten Realität. Boyles Vakuumpumpe ist in diesem Sinne ein kultureller Gegenstand, das heißt ein Zeichengegenstand, der einen Aspekt der Natur zur Darstellung bringt.

Die Wunderkammer und das Labor wurden damit zu den grundlegenden Institutionen für die Wissensproduktion und die damit einhergehende Entwicklung von Zeichensystemen. Für das Verständnis der Herausforderungen, vor denen wir heute stehen, sind aber vor allem ihre jeweiligen Weiterentwicklungen entscheidend.

Die Laboratorien des 19. und 20. Jahrhunderts wurden zu den Orten, an denen eine neue Welt entsteht. So erlaubte es Alessandro Voltas Batterie, die Elektrizität zu studieren, während die Haber-Bosch-Katalyse zur Produktion von Kunstdünger und zur Verwertung von Rohöl als Treibstoff führte. Elektrizität, Kunstdünger, Öl: Das Labor wurde zum Inkubator, dessen von Menschen geschaffene, als Katalysatoren der anthropozänen Weltentwicklung geltende Realitätsentwürfe durch technologische und industrielle Umsetzung in immer höherer Geschwindigkeit unseren Alltag weltweit durchdringen und transformieren. Vorläufige Höhepunkte dieser Entwicklung finden sich einerseits in einer Transplantationsmedizin, die bis hin zu genetischer Manipulation und damit Veränderung des Menschen reicht, andererseits im Internet der Dinge, das eine nur noch von Algorithmen gesteuerte Produktions- und Konsumptionswelt ausbildet.

Wohin aber diese dem Labor entstammenden Prozesse führen können, wird heute besonders sichtbar: Menschliches Handeln ändert das Klima des Planeten, erzeugt Dürre und Überschwemmungen, die zurückwirken auf Ackerbau und Stadtentwicklung, das heißt, es schreibt sich in die natürlichen Prozesse des Planeten ein, die wiederum ihrerseits menschliche Gesellschaften zutiefst prägen. Klimawandel und Krieg um Rohstoffe lösen Flucht und Vertreibung aus. Aus einem stabilen System ist ein hochdynamisches System geworden.

Aus den Wunderkammern entwickelte sich dagegen im 19. Jahrhundert das Museum. Neben den Wissenschaften, war es das Museum, das die wahrnehmbare Welt klassifizierte, ordnete und damit disziplinierte. Die Suchbewegung, die vormals in der Wunderkammer stattfand, wurde dabei in einen Forschungsprozess überführt, der die wahrnehmbare Welt in klar bestimmte Einheiten einteilte und damit stabilisierte. Die Objekte wurden aus ihren Beziehungsgeflechten gelöst – ein Reinigungsprozess, der der Stabilisierung diente – und konnten, so gereinigt und hergerichtet, nun die Bühne des Museums betreten. In der Begegnung mit den Objekten bildete sich die bürgerliche Subjektivität. Dabei handelte es sich um eine Subjektivität, die sich durch die Differenzierung der Sinne formte, durch die Fähigkeit, feinste sinnliche Differenzierungen erkennen und benennen zu können.[171]

Lange Zeit galten in den klassischen Räumen des Museums demnach feste Subjekt-Objekt-Beziehungen. Dies änderte sich in den 1960er-Jahren, also zu dem Zeitpunkt, als die Transformation der Außenwelt durch die »Great Acceleration« des Anthropozäns einsetzte. Neue künstlerische Praktiken hielten Einzug in den Museen, die diese Beziehungen ins Wanken zu bringen suchten. Vom Einsatz von Film über Performancekunst bis hin zur jüngsten Hinwendung zu Tieren und Pflanzen: Selbst die musealen Praktiken, für viele noch Inbegriff der Stabilität, gerieten dadurch in Bewegung.

Aber die noch grundlegenderen Entwicklungen fanden in den künstlerischen Praktiken selbst statt. Gegen Ende des 20. Jahrhunderts wurde immer deutlicher, dass sich die zur Verfügung stehenden Repräsentationssysteme und Wissenschaftsdisziplinen, die definierten, was als Realität zu gelten hatte, als unzureichend erwiesen. Die grundlegenden Veränderungen des Planeten, die Geschwindigkeit und Komplexität der Transformationen, die Verbindung technologischer und materieller Prozesse mit soziologischen, politischen und ökonomischen Krisen, aber auch die damit einhergehenden ökologischen Verwerfungen, die sich in der »Great Acceleration« widerspiegeln, etwa Verteilungskonflikte und soziale Krisen, begleitet und ausgelöst von Migrationsprozessen – um all diese Prozesse zu verstehen, bedurfte es neuer Zugangsweisen. Vor diesem Hintergrund verlor für viele Künstler:innen der in den Museen repräsentierte Kunstkanon zunehmend an Bedeutung. Seitdem entwickeln sie nicht nur ästhetische Strategien, welche die aus ihrer Sicht verkrusteten Strukturen des musealen Kunstbetriebs kritisch befragen und dessen Strategien und Mechanismen grundlegend infrage stellen. Sie verlassen auch bewusst die wohldefinierten Räume der Kunst, um sich den neuen Realitäten auszusetzen und neue Formen wissenschaftlicher und ästhetischer Wissensproduktion zu generieren. Im Zuge dessen entwickeln viele von ihnen dokumentarische Strategien, in welchen sie sich mit den Folgen von Umweltzerstörung in den Meeren, der Lagerung und den globalen Transportbewegungen von Wohlstandsmüll, der Migration im Mittelmeerraum oder an der Grenze zwischen Mexiko und den USA, den neuen Kriegen etc. auseinandersetzen.

Die ästhetischen Verfahren der Künstler:innen ermöglichen so neue, differenzierte, sinnliche Zugänge zu Phänomenen, die bisher begrifflich nicht erfasst wurden beziehungsweise werden konnten, und befördern damit neue Darstellungsformen. Sie machen die in lokale Entwicklungen verwobenen planetarischen Prozesse und damit Skalierungsprozesse des Anthropozäns erfahr- und begreifbar, die normalerweise über Daten und Algorithmen gesteuert werden. Und schließlich artikulieren sie viele scheinbar abstrakte, in ihrer Wirkung aber zerstörerische Prozesse, indem sie diese an konkrete individuelle und soziale Erfahrungen rückbinden.

So kommt es zu Beginn des 21. Jahrhunderts zu neuen Symbiosen zwischen künstlerisch-ästhetischen und wissenschaftlichen Weisen der Wissensproduktion, die an den Beginn der Moderne erinnern, an Arbeitsweisen, die von Künstler wie Leonardo da Vinci und Denker wie Gottfried Wilhelm Leibniz geprägt wurden. Hatten diese Arbeitsweisen zum damaligen Zeitpunkt die Aufgabe – unter Rekurs auf die Antike, aber auch auf die arabischen und chinesischen Wissenstraditionen –, das christlich geprägte Bild der Welt des Mittelalters für eine erfahrungsbasierte Wissensproduktion zu öffnen. So stehen zu Beginn des 21. Jahrhunderts Künstler:innen und Denker:innen vor der Herausforderung, dieses seit dem 15. Jahrhundert etablierte Wissen und seine vor allem im 20. Jahrhundert entstandenen technologisch induzierten Formen der Realitätsproduktion in neue, dem Anthropozän angemessene Darstellungsformen zu überführen.

DAS ZEITALTER DES ANTHROPOZÄNS

Die Ölkrise 1973. Das Erdöl als Gestalter einer anthropozänen Welt

Waren die 1960er-Jahre durch die Aufbruchsstimmung der Pop- und Rockgeneration geprägt, die im Schatten des möglichen atomaren Kriegs eine zukunftszugewandte Haltung entgegenstellte, so begann sich in den 1970er-Jahren eine ganz andere Grundstimmung in den westlichen Gesellschaften auszubreiten, die ihre eigene musikalische Ausdrucksweise hervorbrachte – den Punk.

Punk übernahm Ende der 1970er-Jahre den revolutionären Gestus der Rockmusik und verwarf gleichzeitig dessen Utopie-Entwürfe. Die neue Musik verweigerte sich dem Idealismus der Rockgeneration und ersetzte ihn durch eine nihilistische Weltsicht. Gleichzeitig begann im Mainstream der westlichen Gesellschaften, in einer nach Orientierung suchenden Gegenwart, eine Renaissance der Vergangenheit Einzug zu halten. In der Mode artikulierte sich dies in Form eines Retrolooks, der mithilfe von Petticoats und Bundfaltenhosen die 1950er-Jahre wieder in das Straßenbild zauberte.

Was war passiert? Die fossilen Rohstoffe, allen voran das Erdöl, waren die Treiber für die Beschleunigungsprozesse des 20. Jahrhunderts. Das Öl war ein wesentlicher Katalysator, der die Kurven der »Great Acceleration« nach oben und die anthropozäne Entwicklung damit vorantrieb. Unterlegt war dieser Entwicklung das Zeitmodell eines linearen Wachstums, fußend auf den scheinbar unerschöpflichen Ressourcen der Erde. Doch ebendieses Zeitmodell geriet Anfang der 1970er-Jahre ins Wanken. Statt sich zu jeder Zeit mit dem Auto überallhin bewegen zu können – das neue Freiheitsversprechen der Konsumgesellschaft –, wurde aufgrund der ersten Ölkrise von 1973 mittels autofreien Sonntagen Beschränkung und Verzicht gefordert, Eigenschaften, die so gar nicht in das Bild der Wachstumsgesellschaft passen wollten. Es zeigte sich, dass die materiellen Grundlagen des Wachstumsprozesses endlich waren, womit zugleich ersichtlich wurde, dass im bis dahin dominierenden Zeitparadigma die Gegenwart, indem sie die Energieressourcen des Planeten konsumierte, die Zukunft langsam, aber sicher auffraß. Diesem Prozess hatte Francisco Goya bereits 150 Jahre zuvor in Gestalt des Zeitgottes Saturn, der seine Kinder verschlingt, ein Sinnbild beschert.

Nach dem Zweiten Weltkrieg hatte sich schrittweise eine neue politische und ökonomische Weltordnung herausgebildet. Nachdem es Stalin 1947 gelungen war, die osteuropäischen Staaten in der Kommunistischen Internationale, der Komintern, zusammenzuschließen, hatte 1949 der Westen darauf mit der Gründung der NATO geantwortet. Seitdem standen sich zwei Blöcke unversöhnlich gegenüber – der Kalte Krieg hatte begonnen.[172] Eine Reihe vor allem afrikanischer und asiatischer Staaten wollten sich diesen beiden Blöcken nicht zuordnen. Sie waren eher daran interessiert, sich den ideologischen Konflikt der beiden Lager für die eigene Entwicklung zunutze zu machen, und so schlossen sich 29 dieser Staaten beziehungsweise Kolonien 1955 auf der Bandung-Konferenz unter der Führung des indischen Premierministers Nehru und des indonesischen Präsidenten Sukarno unter Berufung auf das nationale Selbstbestimmungsrecht zusammen. Was das für den Westen, insbesondere die USA bedeutete, lässt sich am Rat eines afroamerikanischen Kongressabgeordneten, der in Bandung anwesend war, an die USA ablesen: »Hört auf, in der UN für den Kolonialismus Partei zu ergreifen, löst so schnell wie möglich die Rassenproblematik in den Vereinigten Staaten [...].«[173] Und tatsächlich riefen in der Folge immer mehr Staaten ihre Unabhängigkeit aus. Waren Länder wie Indien und Indonesien unmittelbar nach dem Zweiten Weltkrieg unabhängig geworden, erlangten alleine im Jahre 1960, dem Jahr Afrikas, 18 Kolonien auf dem afrikanischen Kontinent, darunter etwa Kamerun, Togo, Nigeria und Senegal, ihre Unabhängigkeit. Doch während die 1945 gegründete Organisation der Vereinten Nationen, in der jede Nation unabhängig von ihrer Größe eine Stimme hatte, für diese Länder als das grundlegende weltpolitische Forum galt, war ihr wirtschaftliches Überleben damit noch keineswegs garantiert.

Für die ökonomische Entwicklung spielten während der 1960er-Jahre zwei Organisationen für die blockfreien Länder beziehungsweise die Länder des Südens eine immer wichtigere Rolle: die Weltbank und das Entwicklungsprogramm der Vereinten Nationen (UNDP). Der Vorläufer der Weltbank war 1944 in Bretton Woods als Internationale Bank für den Wiederaufbau gegründet worden, deren Ziel im Wiederaufbau des zerstörten Westeuropas bestand.[174] In den 1960er-Jahren, als die Kennedy-Regierung zunehmend die weltweiten Entkolonisierungsbewegungen zu fördern begann, kam ihr immer mehr die Aufgabe zu, im Rahmen der Entwicklungspolitik weiche Kredite für die Länder des Südens zur Verfügung zu stellen. In diesem Kontext begann die UNDP, sehr eng mit der Weltbank zusammenzuarbeiten, ja deren Investmentströme zu kanalisieren.[175] Dabei bezogen sich beide Institutionen auf ein westliches Entwicklungsmodell als Paradigma, sprich, es ging darum, die Entwicklung in der nichteuropäischen Welt *nachzuholen* und zu befördern. So entstanden neben Staudämmen für die Stromversorgung große Stahlwerke, und Flughäfen und Verkehrswege öffneten viele Länder für westliche Investitionen – es war die Zeit, in der mit westlichen Krediten die großen Infrastrukturen des Anthropozäns weltweit Verbreitung fanden.

Ähnlich der parallel erfolgenden und zum selben Entwicklungsmodell zählenden »Grünen Revolution«[176] handelte es sich um tiefgreifende, eruptive Entwicklungen, die gegebene Sozialgefüge auseinanderrissen, bestehende Lebensformen zerstörten und auch über Kredite neue Abhängigkeiten schufen. Infolgedessen formte sich in den Ländern der sogenannten »Dritten Welt« zunehmend Widerstand gegen den Machteinfluss, den insbesondere die USA über diese Form von Entwicklungshilfe ausübten; zumal die USA Ende der

1960er-Jahre durch bilaterale Verträge sichtlich bemüht waren, den Einfluss der von den nichtwestlichen Ländern kontrollierten Institutionen der Vereinten Nationen zu umgehen – etwa jene 1962 gebildete, aus 77 blockfreien Staaten bestehende Gruppe, die 1964 in Genf auf einer Konferenz der Vereinten Nationen neue Regeln für internationalen Handel und Entwicklung (UNCTAD) forderte.[177] Vor ebendiesem Hintergrund ist die Bedeutung der Ölkrise 1973 zu verstehen, schien sie doch die Chance zu bieten, dass sich die weltweiten Mächteverhältnisse zugunsten des Südens umkehrten.

Stellte seit 1890 die Kohle den wichtigsten Energieträger auf der Welt dar, so wurde sie in dieser Rolle Mitte der 1960er-Jahre vom Erdöl abgelöst. Dadurch verlagerten sich Förderschwerpunkte und damit auch Macht in den Nahen Osten. Lag der Anteil der Ölversorgung aus dem Nahen Osten für die Industrienationen kurz nach dem Zweiten Weltkrieg bei nur sieben Prozent, war er 1973 bereits auf 38 Prozent angestiegen.[178] Somit waren nicht nur Europa und Japan in den 1960er-Jahren zunehmend vom Erdöl abhängig geworden,[179] auch der Erdölimport der USA stieg in dieser Zeit innerhalb von zehn Jahren um fünfzig Prozent. Aufgrund dieser Abhängigkeit konnte das Erdöl zu Beginn der 1970er-Jahre zunächst eine grundlegende Rolle im Nahostkonflikt, also einem regionalen Konflikt, spielen, aber auch darüber hinaus langfristig die westlichen und Weltökonomien dramatisch verändern.

Beginnen wir mit dem Konflikt im Nahen Osten. 1967 hatte Israel im Sechstagekrieg zwar seine arabischen Nachbarn nach einem ägyptischen Angriffsversuch entscheidend schlagen und dabei die Altstadt von Jerusalem, das Westjordanland und die Sinai-Halbinsel bis zum Suezkanal besetzen können. Selbst die Golanhöhen an der Grenze zu Syrien waren erobert worden. Aber ein andauernder Friede war damit nicht hergestellt. Die arabischen Staaten erkannten das Existenzrecht Israels nicht an und sannen auf Rache, wobei dem Erdöl eine zentrale Rolle zukam. Dem ägyptischen Staatspräsidenten Anwar as-Sadat gelang es nämlich, König

Faisal von Saudi-Arabien davon zu überzeugen, das Erdöl als Waffe gegen die westlichen Verbündeten Israels einzusetzen. Infolge einer entsprechenden Zusage Faisals eröffnete Sadat am Tag des jüdischen Versöhnungsfestes Jom Kippur, am 6. Oktober des Jahres 1973, erneut den Krieg. Aber auch dieses Mal gelang es den Arabern nicht, die Israelis entscheidend zu schlagen.

Angesichts dieser Situation wurde am 17. Oktober 1973 von der OPEC der Ölpreis um siebzig Prozent angehoben und gegen die USA ein vollständiges Embargo verhängt. Die Opec war 1960 aufgrund des kontinuierlich sinkenden Ölpreises gegründet worden, der sich der Erschließung immer neuer Quellen verdankte. Gleichzeitig sollte die Ölzufuhr in Länder, die Israel unterstützten, schrittweise gedrosselt werden.[180] Der damit einhergehende Druck der Ölstaaten führte zu aktiven diplomatischen Bemühungen, die auf der Seite der USA vor allem von Henry Kissinger koordiniert wurden. Es dauerte allerdings bis zum März 1979, bis ein Friedensvertrag zwischen Israel und Ägypten unterzeichnet werden konnte. Es war das Jahr, in dem ein anderer Verbündeter der USA im Nahen Osten, der Schah von Persien, aufgrund der Islamischen Revolution seinen Platz räumen musste.

Die Ölkrise von 1973 hatte aber auch eine ökonomische Dimension, die in der Folge die Welt erheblich verändern sollte. Im November 1973 hatte die OPEC über Nacht den Ölpreis um das Vierfache angehoben. Das führte dazu, dass die Einnahmen der erdölproduzierenden Länder allein im Jahr 1973 von 33 auf 108 Milliarden US-Dollar anstiegen. Da viele dieser Länder im Süden der Welt angesiedelt waren, bedeutete dies eine erhebliche Verschiebung der ökonomischen Machtverhältnisse. Nicht nur setzten die Golfstaaten und Saudi-Arabien eine Entwicklung in Gang, die viele Arbeitskräfte, unter anderem aus Südasien, anzog, sie begannen auch, in den Industriestaaten zu investieren.[181] Während sich zu Beginn der 1970er-Jahre die Gesamtsumme des weltweiten Finanzsystems auf ca. 165 Milliarden US-Dollar belaufen hatte, wovon jedes Jahr etwa fünf Milliarden neu angelegt wurden, waren dank der Ölpreise nun plötzlich hundert Milliarden US-Dollar zusätzlich auf dem Markt – Geld aus dem Süden, das nach Anlagemöglichkeiten im Norden suchte.

Dies war der Beginn der *Finanzialisierung der Wirtschaft*, sprich des Ausbaus einer Wirtschaft, in deren Zentrum nicht mehr traditionelle Waren, sondern Finanzprodukte standen, die mit großer Geschwindigkeit von der City of London und der Wall Street entwickelt wurden. Da die alten Industrien in die Krise geraten waren, versprach die Finanzialisierung der Wirtschaft eine Lösung der Wirtschaftsprobleme. Gleichzeitig wurde damit jedoch die Spaltung ganzer Länder eingeleitet, wie das Beispiel Englands zeigt: Einerseits entwickelte sich in London ein global operierender Finanzbereich, und andererseits hinkte ein von der globalen Entwicklung abgekoppelter Rest des Landes hinterher. Es entwickelte sich eine Form des Kapitalismus, der später der Name *Casino-Kapitalismus* verpasst wurde und in der sich die Finanzwerte immer stärker von der realen Wirtschaftsleistung abnabelten, wie sich an den Gewinnen der internationalen Kreditvergabe zeigt: Erbrachte diese 1973 den amerikanischen Banken ein Drittel der Gewinne, waren es 1976 bereits drei Viertel.[182]

Gleichzeitig hatte aber die Erhöhung der Erdölpreise, das heißt der Kosten der Primärenergie des Wirtschaftens in den Industrieländern, zur Folge, dass die westlichen Ökonomien nach zwei Dekaden geradezu ungebrochenen Wachstums in eine Rezession abglitten. Es trat eine Zeit der Stagflation ein, die man in dieser Form zuvor nicht gekannt, eine Wirtschaftslage, die parallel zu starker Inflation und Wachstumsrückgang hohe Arbeitslosenquoten erzeugte. In Europa nahmen zum ersten Mal die Arbeitskämpfe extrem zu, insbesondere in Großbritannien.

Als das britische Pfund 1976 in die Krise schlitterte, wandte sich die britische Regierung schließlich an den Internationalen Währungsfonds (IWF), eine Institution, die 1945 im Gefolge von Bretton Woods gegründet worden war, um das internationale Währungssystem durch Hilfen an notleidende Länder zu stützen.

Der IWF reagierte, aber nicht ohne Bedingungen zu stellen. Es waren Bedingungen, die in der Folgezeit auch an die sogenannten weitergegeben wurden und die diese dann in Währungskrisen stürzte. Dem primären Ziel der Inflationsbekämpfung wurde dabei alles untergeordnet, sodass selbst hohe Arbeitslosenzahlen in Kauf genommen wurden. Zugleich wurden Sozialleistungen der Staaten reduziert, um deren Defizite einzudämmen und Strukturanpassungen umzusetzen.[183]

Im Falle von Großbritannien bedeutete dies eine erhebliche Schwächung der Gewerkschaften und der Arbeiterklasse sowie eine Deregulierung des Wirtschaftssystems. Kurzum, der *Neoliberalismus* wurde durch diese Maßnahmen in Großbritannien eingeführt.

Punk war die Musik, die die 1970er-Jahre, also die Jahre der Ölkrise, begleitete. Er konnte gleichzeitig als Kommentar zur Verarmung der Arbeiterschaft und der damit einhergehenden urbanen Verwüstung ehemaliger Industriestädte sowie als Ausdruck der Wut und Verzweiflung gegenüber einem nicht mehr zu bändigenden Kapitalismus gelesen werden – und »it was«, wie ein Konzert eines der führenden Protagonisten, Iggy Pop, beschrieben wurde, »generally carnage«.

Die Entgrenzung der Finanzmärkte und die Logik der Konsumgesellschaft

Die weltweite Verbreitung des Finanzkapitalismus wurde durch die Entstehung eines Systems des grenzüberschreitenden Kapitalverkehrs ermöglicht, das in den 1980er-Jahren durch die Liberalisierung der Kapitalflüsse zwischen den USA, dem Vereinigten Königreich, Deutschland und Japan begonnen hatte und das dann vor allem im Bereich der Europäischen Union vorangetrieben worden war.[184] Begründet wurde die Entpolitisierung der Finanzmärkte, das heißt die Befürwortung eines freien Kapitalflusses, der nicht von der Politik begrenzt werden sollte, von deutscher Seite mit der Erfahrung im Nationalsozialismus. Dem stimmten Ende der 1980er-Jahre führende linke französische Politiker:innen zu, hatten sie doch zuvor die Erfahrung gemacht, dass eine national kontrollierte Finanzpolitik nicht verhindern konnte, dass die Reichen ihr Geld außer Landes brachten und dabei die Mittelschicht verarmte.[185] Damit wurde die Europäische Union zur Vorreiterin für eine weitgehende Liberalisierung der Weltmärkte, die dann auch auf die Organisation für wirtschaftliche Zusammenarbeit und Entwicklung (OECD) übertragen wurde.[186]

Seit den 1980er-Jahren verloren zudem die Gewerkschaften an Macht, und es etablierte sich in der Berufswelt das Konzept des individuellen Entrepreneurs – im Kontext der Hartz-Reformen in Deutschland als »Ich-AG« tituliert –, der seine Arbeitskraft flexibel einbringt. An die Stelle von Betrieben mit großer Arbeiterschaft traten nun kleinere Kerneinheiten, die mit der Arbeit auch die Sozialkosten an die neuen »Arbeiter-Unternehmer/Ich-AGs« outsourcten. Unterstützt wurde diese neue Arbeitswelt durch ein sich rasend schnell weiterentwickelndes technologisches Hilfsmittel: Zu Beginn der 1990er-Jahre, als sich das neoliberale

Wirtschaftsmodell weltweit durchgesetzt hatte, verfügten nicht nur immer mehr Arbeiter:innen über ihren individuellen Computer, sie konnten diesen auch an das 1989 eingeführte World Wide Web anschließen.[187] Dadurch erreichte das neoliberale Modell seinen vorläufig letzten Höhepunkt, den digitalen Kapitalismus, in dem die Einzelnen die von ihnen erzeugten Daten als Grundlage eines neuen *Extraktivismus*[188] digitalen Plattformen zur Verfügung stellen. Ermöglicht wird dies durch die technologischen Interfaces, mit denen die Plattformen beinahe direkt mit den Körpern der »Ich-AGs« verbunden sind, sodass deren Leben eine immense Datenflut erzeugen, die in Geschäftsmodellen kommodifiziert, sprich zur Ware umgewandelt werden kann.

Mit der Zerstörung des Wohlfahrtsstaates seit den 1980er-Jahren begann jedoch, wie angedeutet, auch eine Entpolitisierung der Gesellschaft. Die schwindende Bedeutung der Gewerkschaften schwächte die Stimme der Arbeiterschaft in der Auseinandersetzung um Löhne, aber auch um Lebensbedingungen in der Welt des Finanzkapitalismus. An die Stelle der Auseinandersetzung zwischen Kapital und Arbeit trat – als Kompensation – die Befriedigung der Bedürfnisse der arbeitenden Bevölkerung durch Konsum. Damit wurde die Teilhabe an politischer Macht und damit Mitsprache über die Zukunft der Gesellschaft in den Bereich der Befriedigung von Bedürfnissen verlegt, die oft erst durch eine entsprechende Marketing-Industrie erzeugt werden mussten.[189] »Dasein«, um mit Heidegger zu sprechen, wurde somit zu Design – es war die Geburt neuer Design-Welten: In jenen Teilen der Welt, in denen die Basisbedürfnisse der Menschen zum großen Teil befriedigt sind, müssen neue Bedürfnisse und damit Bedeutungen erst künstlich hergestellt werden, die die Waren der Konsumwelt dann befriedigen können. An die traditionelle Stelle eines natürlichen Umfeldes treten von Menschen hergestellte Welten.

Wie aber werden diese Welten genau entworfen, und welche Logiken steuern sie? Zur Beantwortung dieser Frage lohnt es sich, in die Welt des Sports einzutauchen. Der erste Schritt in dieser Logik erfolgt, sobald die Welt des Sports von derjenigen des Alltags getrennt wird, und sei es in Bezug auf Tätigkeiten, die, wie im Falle des Gehens, für den Alltag geradezu unumgänglich sind. Möchte man betonen, dass es sich um Sport handelt, wird mittlerweile selbst in Alltagssituationen von »Walking« gesprochen, das wiederum sprachlich weiter differenziert werden kann in »Power Walking« oder »Nordic Walking«. Und schon erscheint die Kluft zwischen einem normalen Gehen und dem Gehen als Sport größer, als sie eigentlich ist.

Die Unterscheidung all dieser Handlungen mittels eines Zeichensystems bestehend aus Wortsprache, aber auch aus verschiedenen Bildsprachen, liefert den Schlüssel zum Verständnis der Konsumwelten. Denn es erscheint geradezu notwendig, für diese verschiedenen Aktivitäten unterschiedliche Kleidung zu tragen. »Power Walking« in einem normalen Baumwoll-T-Shirt ist scheinbar nicht möglich, vielmehr wird dazu ein technologisches »High-End«-Produkt benötigt, ein »atmendes« T-Shirt, das eine osmotische Beziehung zwischen dem Körper und der Umwelt herstellt. Möchte man nach einem »Power Walk« am Ufer eines Flusses vielleicht noch in die Berge gehen, empfiehlt es sich, das Hotelzimmer aufzusuchen und sich komplett umzuziehen, von geeigneten Schuhen bis zum Hemd, oder besser »Shirt«, das ähnliche Atmungsqualitäten wie das T-Shirt verspricht, aber völlig anders aussieht. Unverzichtbar für »Nordic Walking« sind zudem spezielle Stöcke.

Die Logik dieser neuen Welt tritt somit deutlich zutage: Differenzierungen von Handlungen und Wahrnehmungen werden mittels Zeichen erzeugt, um diese dann in Waren zu transformieren. Es geht um das Management von Emotionen. Ein ganzes Arsenal sprachlicher und semiotischer Mittel wird in Anschlag gebracht, um dieses einen Zieles willen. Neue Welten werden geschaffen, Narrative erfunden, Bilder in Szene gesetzt, um die inneren Bedürfnisse des Konsumenten so zu manipulieren, dass die Waren dieser Designwelten gekauft werden. Das Handlungspotenzial von Menschen wird zu einer Dingwelt eingefroren, die neue Erfahrungen und Erlebnisse zu versprechen scheint.

Wenn wir nun diese Entwicklung mit den Prozessen der digitalen Welt verbinden, beginnen wir zu verstehen, in welch grundlegender Weise wir unsere Realität verändern. In der digitalen Welt versprechen die Hauptakteure wie Amazon und Google, dass sie die Orientierung der Moderne auf die Zukunft hin in einer tiefgehenderen und weitreichenderen Form realisieren, als es die Moderne selbst zu erträumen wagte: Die Zukunft wird zur Gegenwart. Amazon sagt uns heute, welche Bücher wir morgen lesen werden, welche Kleider wir in der Zukunft tragen wollen. Die Supermarktkette Target teilt dem ahnungslosen Vater mit, dass seine Tochter ein Baby bekommt.

Aber wenn wir genauer hinsehen, begegnen wir in dieser Zukunft unserer eingefrorenen Vergangenheit. Die Algorithmen, auf deren Basis diese Zukunft konstruiert wird, beziehen sich nämlich auf unsere vergangenen Bewegungen im Internet. Unser Verhalten in der Vergangenheit wird uns im Netz als unsere Zukunft präsentiert. So gesehen schaffen wir uns mit diesen Web-, Design- und Marketingstrategien eine Welt, in der wir menschliches Handeln zu Objekten einfrieren und die Zukunft hinter uns liegt, da wir mehr und mehr durch unsere Vergangenheit definiert werden.

Es besteht also gar nicht mehr die Notwendigkeit, das menschliche Bedürfnis nach Freiheit zu disziplinieren. Diese Bedürfnisse werden durch Objektwelten, die zunehmend an uns heranrücken, immer stärker eingehegt. Sie versprechen uns die Zukunft, sind aber die Geister der Vergangenheit. Und es sind die Abfallprodukte dieser Konsumwelten, die die anthropozäne Verschmutzung des Planeten vorantreiben, sei es in Form von Strandgut an den Küsten Afrikas, sei es in Form ganzer Kontinente von Plastik im Pazifik oder in toxischen Müllgruben weltweit.

The Last
Whole Earth
Catalog
access to tools
$5

Kaliforniens planetarische Umgestaltung der Welt

Welche kulturellen Bedingungen haben dazu geführt, dass Technologien unsere Gesellschaften so grundlegend und in einer planetarischen Dimension transformieren? Um dies zu verstehen, lohnt es sich, den Blick nach Kalifornien zu richten und sich die Entwicklung der letzten fünfzig Jahre genauer anzusehen. Man stößt dabei auf eine Geschichte, in der Kunst und Kultur einen prägenden Einfluss auf Technologie und Ökonomie haben, Bewusstsein also das Sein gestaltet, aber auch genau umgekehrt das Sein, nämlich die Technik, das Bewusstsein transformiert. Diese Geschichte beginnt in den USA der 1960er-Jahre.[190]

Wir treffen auf eine tief gespaltene Gesellschaft. Es ist die Zeit des Kalten Krieges, der die Möglichkeit einer nuklearen Zerstörung der ganzen Welt evoziert. Gleichzeitig überträgt das Fernsehen die Kriegsbilder aus Vietnam in die Wohnungen der amerikanischen Mittelschichten und erinnert damit täglich an das globale militärische Engagement der Weltmacht. In dieser Situation formieren sich zwei Bewegungen. Eine kämpferische linke Bewegung, die eng mit dem Civil Rights Movement verbunden ist, führt einen politischen Kampf, geprägt durch große Demonstrationen auf der Straße. Daneben entsteht eine ganz andere Bewegung, die auf Bewusstseinsveränderung setzt, auf das Ausprobieren von Lebensformen und dabei neue soziale Beziehungen, aber auch ein anderes Verhältnis zur Erde und dem Kosmos ermöglichen will. Hunderttausende Bürger:innen verlassen die Städte und ziehen in Kommunen aufs Land. Zum Höhepunkt der Bewegung 1970 leben etwa 750 000 Menschen in ca. 10 000 Kommunen. Viele dieser Menschen gehören der gebildeten Mittelschicht an. Sie wollen für sich eine neue Welt erschaffen.

Eine der einflussreichsten Communities dieser Zeit war das Art-Tribe-Kollektiv USCO (kurz für Us Company, zu Deutsch also »Unsere Firma«),[191] deren Mitglieder versuchten, ostasiatischen Mystizismus mit einem neuen ökologischen Denken zu verbinden. Dabei wurden sie sowohl von Denker:innen wie Ananda K. Coomaraswamy, einem Kenner indischer Kunst, der Teil der New Yorker Boheme war, inspiriert, als auch von Künstler:innen wie John Cage. John Cage, der selbst vom Zen-Buddhismus beeinflusst war, zielte in seiner Kunst darauf ab, Erfahrungsräume zu schaffen, die der Bewusstseinserweiterung dienten. Dabei sprengte er den klassischen Musikbegriff, um die Ohren seiner Zuhörer für Geräusche aller Art zu öffnen – eine Form von Performance, für die Allan Kaprow das Wort »Happening« prägte.

USCO, das Kunst mit Leben in neuen, bewusstseinsverändernden Formen verband, schuf, ausgehend von der Happening-Idee, eigene, von verschiedenen elektronischen Technologien erzeugte Environments. Flashlights, Multimedia-Projektionen und Stereo-Sound-Effekte ermöglichten Ganzheitserfahrungen neuer Art und spielten damit eine grundlegende Rolle bei der Transformation des Bewusstseins. Unterstützt wurde diese durch die Einnahme von Drogen wie LSD, Marihuana und Peyote. So entstand eine eigene Form von Techno-Mystizismus.

Andere Kommunen wiederum suchten auf dem Land eine neue Harmonie mit der Natur. In einer Art »American Frontier«-Mentalität bauten sie Zeltdörfer, trieben Ackerbau und versuchten, ein einfaches Leben in der Gemeinschaft zu führen.

Aber es gab ein Medium, das viele dieser Kommunen verband: den *Whole Earth Catalog*. Er ging 1968 zum ersten Mal in Druck. Sein Produzent Stewart Brand hatte 1966 in einer Kampagne die NASA dazu aufgefordert, eine Fotografie der gesamten Erde freizugeben, die schließlich das Cover des ersten Katalogs zierte. Das ikonische Bild der Erde aus dem Weltraum stammte von einem Wettersatelliten und reflektierte den Geist des Katalogs: Es ging um eine neue Sicht der Erde: die Erde als Ganzes, die als Erfahrung fragiler Schönheit dank technologischer Mittel wie der Raumfahrt, aber auch der Fotografie möglich wurde. Dadurch sollten politische und gesellschaftliche Grenzziehungen zum Verschwinden gebracht werden, die die Erfahrung der Einheit des Planeten erschwerten beziehungsweise verhinderten. Geradezu programmatisch lautete der Untertitel des *Whole Earth Catalogs* daher: »access to tools«. Das heißt, es ging nicht um die bloße Darstellung der Welt, sondern um ihre Herstellung. Der Katalog sollte jedem Einzelnen die Mittel und Instrumente an die Hand geben, seine eigene Welt zu schaffen:

> [A] realm of intimate, personal power is developing – power of the individual to conduct his own education, find his own inspiration, shape his own environment, and share his adventure with whoever is interested.[192]

Zu diesen Mitteln zählten Bücher genauso wie Werkzeuge, etwa um sich eigene Möbel zu zimmern, Zelte zu bauen, Gärten anzulegen etc., aber auch avancierte Technologien, die es erlaubten, die eigene Welt filmisch zu erfassen oder aber, wie im Fall des USCO-Tribes, technologische Environments herzustellen.

Eine wichtige Inspirationsquelle für den Katalog war Buckminster Fullers Idee des »Comprehensive Designers«, der weniger Fachexperte ist als jemand, der Informationen prozessiert.[193] In diesem Sinn stellte der Katalog ein analoges Informationssystem dar, das ganz unterschiedliche materielle Welten und auch Communities miteinander verband, indem die Leser:innen des Katalogs selbst von Stewart Brand eingeladen wurden, bei der Erstellung der Inhalte mitzuarbeiten, Bücher, Instrumente etc. zu empfehlen und vorzustellen.

Sowohl in der Verknüpfung ganz unterschiedlicher Gegenstandsbereiche, der Einbeziehung der Gesellschaft als auch dem planetarischen Zugriff wird erkennbar, dass der Katalog Eigenschaften des späteren Internets vorwegnahm. Doch auch ganz konkret wurde der *Whole Earth Catalog* mit seinem Gründer Stewart Brand und dem gesamten sozialen Netzwerk um ihn herum zu einer wichtigen Referenz für die Entwicklung der späteren Internetkultur. Denn als die Kommunen in der ersten Hälfte der 1970er-Jahre implodierten, suchten sich die Grenzgänger:innen zwischen der Welt der Gegenkultur und der Technologie neue Tätigkeitsfelder. Die kulturelle Revolte wurde in den Technologiebereich übertragen. Dies brachte atmosphärisch der erste Apple-Werbeclip auf den Punkt, der im Orwell-Jahr 1984 während des dritten Quarters des Superbowls USA-weit im Fernsehen ausgestrahlt wurde: der Kampf des Individuums, dem in Zukunft sein persönlicher Apple-Computer zur Verfügung steht, gegen die Großindustrie und den militärischen Komplex, repräsentiert durch IBM. Regie führte der berühmte Filmregisseur Ridley Scott.

Die Gründer von Apple, Steve Jobs und Steve Wozniak, gehörten zu einer Gruppe von »Hardware Hackern« aus der San Francisco Bay Area, die der von der Hippiekultur desillusionierte Stewart Brand zu Beginn der 1970er-Jahre in einem Artikel für die Zeitschrift *Rolling Stone* als die neuen Pioniere der Counterculture ausgemacht hatte.[194] Hacker:innen waren für Brand die neuen kulturellen Revolutionär:innen, die als technologische Avantgarde neue, gesetzesfreie Räume schaffen würden.[195]

Personalisierte der Apple Computer die Rechenmaschine und transformierte er damit die Idee der Gegenkultur, das Individuum ins Zentrum einer neuen Welt zu stellen, in ein technologisches Produkt, so blieb es anderen Akteur:innen aus dem Umkreis des *Whole Earth Catalog* überlassen, die Idee der sozialen Vernetzung und den Community-Gedanken in die technologische Welt zu übertragen. Denn erst die Digitalisierung der Kommunikationssysteme ermöglichte die Vernetzung der Individuen zu einer neuen Gemeinschaft im virtuellen Raum. Sie schuf Gemeinschaften, die nicht mehr durch Grenzen voneinander getrennt waren, Gemeinschaften, die potenziell planetarische Dimensionen annehmen konnten, wie an zwei grundlegenden Begriffen vorgeführt werden soll, der »virtual community« und dem »Cyberspace«. Beide Begriffe verdanken sich zwei Personen, die in den 1980er-Jahren selbst einer Community im Umfeld des Systems The WELL (»Whole Earth 'Lectronic Link«) beigetreten waren.[196] The WELL, ein System, bei dem die Teilnehmer:innen einen zentralen Computer anwählen und sich entweder zeitversetzt oder aber in »real time« unterhalten konnten, entstand 1985, als Larry Brilliant, Gründer von Network Technologies International, Stewart Brand vorschlug, den *Whole Earth Catalog* online zu stellen. Schnell bildete sich um das System von The WELL eine Community, die aus technologischen Nerds sowie aus Figuren der ehemaligen Counterculture bestand. Zu ihnen gehörten auch Howard Rheingold und John Perry Barlow.

Als Howard Rheingold 1987 in einem kurzen Artikel für die *Whole Earth Review* den Terminus »virtual community« prägte, hatte er den ursprünglich kooperativen Geist der Kommunen vor Augen. Und hieran schloss sich die Wortfindung »Cyberspace« an, geprägt durch eine der schillerndsten Persönlichkeiten der Szene und einen permanenten Akteur im WELL, John Perry Barlow. Barlow hatte in den 1960er-Jahren für die Band Grateful Dead, die tief in der LSD-Szene San Franciscos verankert gewesen war, die Lyrics für Songs wie »Cassidy« oder »Mexicali Blues« geschrieben. Waren es damals die Drogen, die neue Erfahrungsebenen erschlossen hatten, war nun Ende der Achtziger, Anfang der Neunziger eine eigene neue Welt im digitalen Raum im Entstehen, und dementsprechend hatte Barlow 1990 bei der Einführung des Begriffs »Cyberspace« zunächst – wiederum ganz im Sinne des US-amerikanischen Frontier-Mythos – die Entdeckung eines neuen Raumes, die Erschließung der »electronic frontier« vor Augen. Gleichzeitig eröffnete die digitale Prothese, anknüpfend an die Drogenerfahrungen der 1960er-Jahre, die Möglichkeit, dem eigenen Körper zu entkommen und mit anderen in einer eigenen Welt in einen Austausch zu treten. Der Cyberspace wurde zum neuen Lebensort, einer neuen Heimat, wie Barlow in den folgenden Zeilen an seine Leser deutlich machte:

I live at barlow@eff.org. That is where I live. That is my home. If you want to find me, that's the only place you're liable to be able to do it, unless you happen to be looking at me at that moment – physically ...[197]

Aber ganz so umstandslos positiv ist diese Geschichte dann doch nicht, wie sich an den Auswirkungen des bereits den Anfängen der Counterculture-Bewegung eingeschriebenen, geradezu naiven Technooptimismus zeigt, der die Entgrenzung individueller Erfahrungsmöglichkeiten imaginierte, wie sie beispielsweise in dem Gedicht von Richard Brautigan aus dem Sommer 1967 »All Watched Over by Machines of Loving Grace« in den beiden ersten Strophen zum Ausdruck kommen:

I like to think (and
the sooner the better!)
of a cybernetic meadow
where mammals and computers
live together in mutually
programming harmony
like pure water
touching clear sky.

I like to think
(right now, please!)
of a cybernetic forest
filled with pines and electronics
where deer stroll peacefully
past computers
as if they were flowers
with spinning blossoms.[198]

Dieser Technooptimismus entfaltete sich ab den 1980er-Jahren nun dank der neuen technologischen Tools in planetarischen Dimensionen. Er wurde ein wesentlicher Treiber der anthropozänen Umgestaltung des Planeten. Dabei wurden durch die neuen Verbindungen von realer und digitaler Welt die Ideen und Vorstellungen von Individuum und Subjektivität grundlegend verändert, und zwar so, dass die im frühen Technooptimismus imaginierten neuen Formen subjektiver und auch kollektiver Entfaltung teilweise grundlegend pervertiert wurden. Die Digitalisierung hatte nämlich zur Folge, dass alle bildlichen Darstellungen der Welt im Prinzip von der konkreten Seherfahrung des Menschen abgelöst und in Form eines gerasterten Bildaufbaus wiedergegeben werden konnten. Die Grundlage für diese Entwicklung stellte die extreme Steigerung der Rechenkapazität von Computern dar: Diese erlaubt es, aus kleinsten Pixeln so komplexe Bildstrukturen aufzubauen, dass damit eine dreidimensionale Realität simulierbar wird. Das Raster dient hier nicht mehr nur als Grundlage, um sich wie auf einer Karte zu orientieren, sondern die Pixelstruktur erhält aufgrund der Minimalauflösung, die vom Auge nicht mehr nachvollzogen werden kann, eine inhaltliche Qualität, das heißt: *Form wird Inhalt.* Das Medium und damit die Zeichen werden zu einer sekundären Realität. Die Mathematisierung schafft also eine Sekundärwelt. Deren Konstruktion ist nicht mehr an die leibliche Seherfahrung gebunden, sondern tritt vielmehr zu dieser konkreten menschlichen Erfahrung, für die der Widerstand einer äußeren Welt konstitutiv ist, in Konkurrenz.

Wir erinnern uns, dass die Widerständigkeit von Erfahrung, in der sich der Mensch als Leidender und nicht als Akteur versteht, bereits mit dem Wahrnehmungsmodell der Renaissance, nämlich der Zentralperspektive, in den Hintergrund getreten war.[199] Insofern erscheint die tatsächliche Simulation von Realität als konsequente Fortsetzung dieser Entwicklung: Der Mensch strukturiert nicht mehr nur die Realität in der Wahrnehmung, sondern wird im buchstäblichen Sinne zum Schöpfer von Realität. Diese künstlich erschaffenen Weltmodelle interagieren nun auf unterschiedlichste Weise mit unserer primären Realität, wobei ihr Erfolg wesentlich darauf beruht, dass sie einerseits eine anscheinend sinnlich konkrete Welt abbilden, andererseits aber auch eine globale Reichweite haben, also eine universale Gültigkeit vorgeben, deren vorgeführte Präzision und Kohärenz in der wirklichen Welt nicht anzutreffen ist. So erlauben sie es wie ein klassischer Globus oder eine Weltkarte – deren dargestellte Abstraktionen durch Simulationen ersetzt werden –, mittels der zugrunde liegenden Mathematik die Welt als Ganzes zu erfassen. Die Betrachter:innen bilden sich dabei ein, einen Zugriff auf die ganze Welt in ihrer Konkretheit zu besitzen, was die Simulationen der digitalen Welt von den eher Distanz erzeugenden Formen schriftlicher Begriffsbildung unterscheidet. Und gerade dadurch scheint – zumindest vorgeblich – die Utopie von der Einheit der Welt Wirklichkeit zu werden.

Die Naturalisierung des Menschen. Maschinen als Erweiterung des menschlichen Nervensystems

Im Frühjahr 1845 schrieb Karl Marx die »Thesen über Feuerbach«, deren elfte und letzte These lautet: »Die Philosophen haben die Welt nur verschieden *interpretiert*; es kömmt drauf an, sie zu *verändern.*«[200] Rückblickend lässt sich nun konstatieren, dass sich der westliche Kapitalismus diese Aufforderung von Marx indirekt unter Einsatz digitaler Technologien zu Herzen genommen hat, indem er im 20. Jahrhundert eine Transformation der Welt von bis dato ungekanntem Ausmaß in Gang setzte – wenn auch mit anderen Ergebnissen als den von Marx intendierten.

Die Grundlagen für diese Entwicklung wurden im Zweiten Weltkrieg und in der Auseinandersetzung mit den Psychosen des Kalten Krieges gelegt. Während des Zweiten Weltkriegs rekrutierten die USA die besten Köpfe, um in wissenschaftlichen Projekten Technologien für den Sieg über Nazideutschland zu entwickeln. Ein zentrales Projekt dabei war die Erforschung von Flugabwehrsystemen. Unter der Leitung des Mathematikers Norbert Wiener wurde es zur Geburtsstunde der Kybernetik. Wiener und sein Kollege Julian Bigelow fragten nicht, was der Mensch beziehungsweise was eine Maschine ist. Sie entwickelten vielmehr ein Modell, in dem ein Mensch – der Pilot eines Flugzeugs – wie eine Maschine behandelt wird und dabei dieselbe Sprache spricht wie diese: die Sprache der Mathematik. Die Kriegssituation spielte dabei insofern eine Rolle, als Menschen in Stresssituationen, die eine schnelle Reaktion erfordern, in der Regel mechanisch reagieren, sodass von der Individualität des Piloten abstrahiert werden kann. Dementsprechend lässt sich die Beziehung zwischen dem

Abwehrsystem und dem als Maschine konzipierten Piloten als ein Kommunikationsverhalten zwischen zwei Akteurspositionen verstehen, deren Innenleben als »Black Box« behandelt wird, also irrelevant ist.[201] Die Optimierung des Systems, sein »Lernen«, erfolgt über Feedback-Loops, das heißt, Zielverfehlungen fließen in das System ein, sodass es mit der Zeit immer treffsicherer wird. Wiener und Bigelow führten damit am Beispiel von Luftabwehrsystemen vor, wie sich die Beziehung Mensch–Maschine als Kommunikation in einer Form modellieren lässt, die mathematisch bearbeitet werden kann.

An diese Arbeit knüpften der Neurophysiologe Warren McCulloch und der Logiker Walter Pitts in ihren Untersuchungen über das Gehirn an.[202] Obwohl ursprünglich an philosophischen Problemstellungen in der Rezeption von Immanuel Kant und Bertrand Russell interessiert, stellten sie nicht die Frage, was der Geist (der Verstand, das Denken) sei, sondern was er zu leisten vermöge. McCulloch hatte in seiner psychiatrischen Praxis beobachtet, dass mechanische und logische Muster selbst in akuten Phasen der Schizophrenie Anwendung fanden, sodass es möglich schien, in der Welt des Kalten Krieges mit Akteur:innen umzugehen, die zwar psychotisch waren, aber gleichzeitig rational und logisch handelten. Sein Ziel war es nun, eine Äquivalenz zwischen mentalen beziehungsweise psychologischen Vorgängen und physiologischen Prozessen des Nervensystems herzustellen, um dadurch eine logische Behandlung zu ermöglichen.

Der entscheidende Schritt, den McCulloch mit Walter Pitts unternahm, damit die physiologischen Prozesse des Nervensystems logische Operationen des Gehirns repräsentieren konnten, bestand darin, das Abfeuern von Neuronen als »Ja-oder-Nein-Aussagen« zu interpretieren,[203] ihnen also einen semiotischen Charakter zuzuordnen. Damit war das Nervensystem objektiv mit naturwissenschaftlichen Methoden beschreibbar und repräsentierte gleichzeitig Funktionen des Geistes: Es konnte als Mensch und Maschine zugleich aufgefasst werden.

Wir sehen hier ein Verfahren am Werk, das grundlegend für das 20. Jahrhundert wurde: Die Welt wird über analytische Methoden in kleinste Einheiten zerlegt – in diesem Fall das Abfeuern von Neuronen (an anderer Stelle findet die Zerlegung des Materiellen in Atome und Elektronen statt) –, um sie dann mit Mitteln der Mathematik und Logik zu rekonstruieren.

Genau dies geschah denn auch mit einem klaren Ziel: Sobald man sich in der Lage sieht, ein Modell für menschliche Denkformen zu entwickeln, lassen sich Maschinen konstruieren, die zunehmend mit menschlichen Akteuren interagieren. In dieser Interaktion wird das Verhalten der Maschinen durch immer neue Feedbackschleifen verfeinert, wobei die Maschinen von Anfang an als Erweiterung des menschlichen Nervensystems konzipiert sind, um immer mehr Handlungs- und Wissensformen an sie auszulagern. Hier zeigt sich die Weiterentwicklung des *Techné*-Begriffs, der sich beim Übergang zur Technologie mit dem *Logos*-Begriff verband: Techné wurde – ab dem 18. Jahrhundert, der Erfindung der Dampfmaschine – aus dem Logos, dem Denken, heraus entwickelt. Gleichzeitig sehen sich aber auch die menschlichen Akteur:innen gezwungen, sich schrittweise der immer komplexer werdenden Maschinenwelt anzupassen. Am vorläufigen Endpunkt dieser Entwicklung steht die Industriewelt 4.0, in der die Maschinen weitgehend untereinander kommunizieren. Es sind diese wissens- und damit zeichengetriebenen Maschinenwelten, mit denen immer neue Realitäten erschaffen werden.

Mittlerweile sind unsere Alltagsabläufe gesättigt mit solchen Technologien, deren generelle Funktion es ist, einen Zustand A in einen Zustand B zu überführen, ohne dass man darüber nachdenken muss. Wir schalten das Licht an, ohne darüber nachdenken zu müssen, woher die Energie kommt. Wir fahren Auto, ohne zu wissen, wie ein Motor funktioniert. Wir fliegen, ohne zu verstehen, wie ein Flugzeug abhebt. Wir kommunizieren via Internet mit der ganzen Welt, ohne die Algorithmen zu kennen, die dies ermöglichen. Um all diese

Tätigkeiten sind riesige planetarische Infrastrukturen geschaffen worden: von Gas- und Ölpipelines über Autobahnen und Flughäfen bis zu kontinentalen Strom- und Datennetzen. Diese Infrastrukturen bilden die *Natur der anthropozänen Welt.* Dank der Digitalisierung werden sie untereinander mehr und mehr vernetzt, sodass eine komplexe *Technosphäre*[204] entsteht, in der Technologien, losgelöst von menschlichen Interventionen, miteinander kooperieren. Ohne diese Technosphäre wäre das Leben, wie wir es kennen, nicht mehr möglich – man stelle sich nur den Ausfall der Stromversorgung und seine Folgen im Winter über mehrere Wochen vor. Sie ist konstitutiv für unser Leben. Mit dieser Entwicklung verbunden ist ein vorher nie gekannter *Skalierungssprung*: Die Folgen menschlichen Tuns gehen weit über die traditionellen Erfahrungsräume hinaus. Sie betreffen andere Gesellschaften und spätere Generationen. Es findet eine *Raum-Zeit-Entgrenzung* statt.

Diese Entwicklung lässt sich in folgender These zusammenfassen: *Bei der Umgestaltung des Planeten ist das Hauptziel kulturellen Handelns die Herstellung einer zweiten, vom Menschen durch Technik erzeugten Natur. Diese Naturalisierung geht von der Kultur aus und verändert sie dann auch selbst.*

Parallel zur Technosphärenentwicklung findet die *Ökonomisierung der Gesellschaften* statt, in deren Folge menschliches Handeln kommodifiziert, sprich als Ware kauf- und verkaufbar, und dadurch weiter naturalisiert wird.

Dazu ein Beispiel: In den USA stellte der Vater eines Teenagers anhand von Werbung, die seine Tochter von der Handelskette Target erhielt, fest, dass diese schwanger sei. Target hatte mit dem Statistik-Genie Andrew Pole eine neue Methode des Konsument:innen-Trackings entwickelt. Dabei identifizierte Pole 25 Produkte, die beim Interesse von Frauen darauf schließen lassen, dass diese schwanger sind. Target nutzte diese Information nun, um Coupons an schwangere Frauen zu schicken, die gerade ihre Lebensgewohnheiten und damit auch das Kaufverhalten aufgrund der Schwangerschaft umstellten.

Was passiert hier? Eine bestimmte Phase im Leben einer Person, die charakterisiert wird durch verschiedene Emotionen, Hoffnungen, gelebte Partnerschaft etc., wird auf 25 Produkte reduziert, um eine Korrelation dieses Lebens mit den Verkaufsprodukten einer Supermarktkette herzustellen. Die Informationen werden dabei nicht nur aus einem komplexen Lebenskontext abstrahiert, sondern auch, und dies ist entscheidend, in ihn eingespeist, und so entfalten sie ihre Wirkungen. Eigenschaften menschlicher Subjektivität und Wareneigenschaften werden miteinander verschmolzen. Subjektive Erfahrungen werden durch derlei Algorithmen permanent in Objekte transformiert, Gefühle werden tagtäglich in Verkausfmodellen zu Waren, Menschen beginnen, den ihnen zugespielten Daten mehr zu trauen als ihren eigenen Erfahrungen. So wird im Alltag durch die tägliche Interaktion mit den von Algorithmen gesteuerten Maschinen unser Weltbild umgebaut. Ihr disruptiver Charakter befeuert die Dynamiken des Anthropozäns weiter, insofern ist der »Cyberspace« nicht eine Welt neben der realen Welt, sondern interagiert mit ihr zunehmend und dringt dabei in immer tiefere Schichten unseres sozialen und psychischen Lebens ein.

Entscheidend ist hierbei, dass die Algorithmen selbst keine Bedeutung haben – sie sind reine Syntax. Aber sie stellen, allein aufgrund einer quantifizierten Registrierung, Verknüpfungen her, denen nicht nur Bedeutung zukommt, sondern die auch eine eigene Pragmatik erzeugen, indem sie in die Realität intervenieren. Ja, der Algorithmus, ließe sich argumentieren, entwickelt eine eigene Akteursrolle: Heute werden wir, wie das Target-Beispiel zeigt, mit Problemen im Leben konfrontiert, weil der vom Menschen hergestellte Computer einen Weltausschnitt erzeugt, in dem Subjekt- und Objektkategorien miteinander verschmolzen werden. *Die Paradoxien des Wissens, die laut der klassischen Philosophie entstehen, weil die nötigen Kategorien zum Verständnis der Welt fehlen, werden so zu Paradoxien des Lebens selbst.*

Gleichzeitig wird aber auch die *Wissensproduktion* in den Wissenschaften selbst den gerade beschriebenen Prozessen der

Naturalisierung und der Ökonomisierung zunehmend unterzogen. Ein Verfahren dabei ist die Standardisierung, die die Vergleichbarkeit wissenschaftlicher Produktionen erlaubt und aus der Forschung ein Produkt machen soll, das mit einem Zahlenwert versehen werden kann, der schließlich auch ein ökonomischer Wert sein kann. Dieser Prozess erlaubt einerseits die Steuerung dieser Produktionen durch Bürokratien, die den eigentlichen Prozess nicht verstehen müssen, während andererseits das Produkt auf dem Markt als Wissensobjekt angeboten werden kann. Der Nutzen solcher Verfahren ist umso effizienter, je weniger bei ihrer Anwendung nachgedacht werden muss, sprich je stärker diese Anwendungen Teil natürlicher Abläufe werden.

All diese Prozesse der Naturalisierung und der Ökonomisierung haben tiefgreifende soziale, politische und ökonomische Konsequenzen. So bedarf es zur Entwicklung und Steuerung kritischer Infrastrukturen lediglich einer geringen Anzahl hochkreativer Menschen, von ihrer Anwendung aber sind alle betroffen, schließlich werden sie alle zu Objekten der anthropozänen Weltproduktion: Immer größere Anteile ihrer Handlungen werden durch die Hochtechnologien der kreativen Leistungsträger:innen naturalisiert. Die Kulturleistungen weniger naturalisieren das Handeln der Mehrheit – ökonomisch bedeutet dies eine Akkumulation von Macht in den Händen derer, die über die Infrastrukturen verfügen, seien sie physisch oder virtuell. Politisch bedeutet dies eine Entmündigung einer Mehrheit, die nicht mehr aktiv über die Entwicklungen mitbestimmen darf, die ihr Leben prägen. Das Leben dieser Mehrheit wird selbst Teil komplexer technologischer Steuerungsprozesse, wobei die reibungslose Steuerung von Produktions- und Konsumptionsprozessen zunehmend die politische Diskussion über Gesellschaft ersetzt. Expert:innen treten an die Stelle der mündigen Bürger:innen: *Governance löst Politik ab.* Denn die Steuerung von Gesellschaften über Technokratien und Wirtschaftsunternehmen wird dadurch ermöglicht, dass auch soziale Prozesse vermehrt naturalisiert werden und als Daten zur

Die Plünderung ist ausdrücklich untersagt.

HAAGER LANDKRIEGSORDNUNG
aus: Dolezalek, Savoy, Skwirblies,
Beute. Eine Anthologie
zu Kunstraub und Kulturerbe,
Matthes & Seitz Berlin 2021

Verfügung stehen, wobei die Algorithmen der Maschinen mehr und mehr die Taktungen individueller und sozialer Prozesse vorgeben. Dadurch entsteht eine steigende Dysbalance zwischen den neuen Nervenbahnen und den in den letzten Jahrhunderten entwickelten politisch-ökonomischen wie kulturellen Sinnsystemen, die in der Gesellschaft eine wachsende Nervosität erzeugt und wohl der tiefere Grund für die herrschende Unzufriedenheit, gerade in Wohlstandsgesellschaften, ist.[205] Diese Form der Asynchronität zwischen zur Verfügung stehenden Sinn- und Deutungssystemen, die als Orientierungswissen den Alltag strukturieren, und einer beschleunigten technologischen Entwicklung trug der Zeit vor dem Ersten Weltkrieg die Kennzeichnung als »Nervöses Zeitalter«[206] ein. Heute scheint diese Bezeichnung jedoch umso mehr Sinn zu machen, nicht zuletzt, da grundlegende Entwicklungen der letzten Dekaden auf dem Bild des Nervensystems aufgebaut haben.

So verstanden also verweist das Anthropozän nicht nur auf Phänomene wie Klimawandel, Rückgang der Biodiversität etc., sondern steht vielmehr für einen grundlegenden Paradigmenwechsel in unserem Welt- und Menschenverständnis. Dabei weicht die scheinbar klare Trennlinie von Natur und Kultur einer prozessualen Verwebung kultureller und natürlicher Prozesse, eine Entwicklung, die zurzeit zu einer zunehmenden Naturalisierung menschlicher Lebensbereiche führt. An die Stelle eines Wissens über die Welt treten Navigationsprozesse, in denen Weltherstellung und Weltwissen permanent interagieren. Diese Prozesse lassen sich nicht mehr in den durch Abgrenzung definierten Disziplinen der Wissenschaften alleine erfassen.

Was tun?

Als Ausgangspunkt zur Beantwortung dieser Frage kann eine Äußerung des Wissenschaftlers Richard Feynman dienen, die immer wieder von synthetischen Biolog:innen zitiert wird: »What I cannot create, I do not understand.« Dieser Satz, so richtig er sein mag, birgt ein grundsätzliches Problem. Wirklich neues Wissen, das die bestehenden Referenzrahmen überschreitet, kann nur auf der Grundlage einer veränderten Praxis entstehen. Allerdings leben wir in einer Zeit, in der der ökonomische Innovationsdruck so hoch ist, dass die Fähigkeit, etwas Neues herzustellen, oft direkt zur marktmäßigen Herstellung führt. Das heißt, die Herstellung im Namen des Wissens führt oft unvermittelt zur Transformation von Realität. Dabei unterläuft die Faktizität der Herstellbarkeit die Frage der Normativität, sprich der Wünschbarkeit, einer neuen Technologie. Die Normativität lässt sich aber nur in einem gesellschaftlichen Diskurs verhandeln.

Bei der Übertragung einer neuen Technologie in den gesellschaftlichen Bereich entsteht jedoch auch noch ein anderes Problem. Die neuen Technologien, wie zum Beispiel im Bereich der synthetischen Biologie oder der Digitalisierung, greifen tief in soziale und individuelle Lebenswelten ein, das heißt, die neue Realität besteht nicht nur in einem neuen technologischen Objekt, sondern in einem komplexen Gefüge aus Objekten, Verhaltensweisen etc., wie etwa am Beispiel einer Gesundheitsapp erkennbar wird, die alle gesundheitsrelevanten Daten festhält und an Krankenkassen kommuniziert. Diese Daten können beziehungsweise sollen auch das Verhalten der betreffenden Person verändern, indem sie die Selbstwahrnehmung beeinflussen. Wobei die Daten und Zahlen bestimmter Parameter in Konflikt zu Gefühlen und Wahrnehmungsweisen treten können. Gleichzeitig führen sie zu Produktbestimmungen im Gesundheitsbereich, vielleicht sogar zur Veränderung des Begriffs von Gesundheit und Krankheit selbst. An die Stelle technologischer Gegenstände treten komplexe psycho- sowie sozio-technologische Lebenswelten.

Wenn aus Betroffenen dieser Entwicklungen Akteur:innen gemacht werden sollen, dann müssen sie in die Herstellungsprozesse der neuen Realitäten involviert werden und als Expert:innen für die Alltagssituationen auftreten, die verändert werden sollen. Das heißt, statt klassischen Labors, in denen disziplinär geschulte Expert:innen forschen, benötigen wir *Probebühnen*, auf denen soziale Akteur:innen,

Wissenschaftler:innen und auch Künstler:innen gemeinsam subjektive, soziale, technologische und kulturelle Phänomene miteinander zu etwas Neuem verweben. Anstatt Wissen, das von Expert:innen entwickelt wurde, an Nichtwissende zu vermitteln, erfordern die Phänomene des Anthropozäns nämlich einen ganz neuen Wissens- und Expertenbegriff. Die Probebühnen sind dafür einerseits Orte der Praxis, in ihnen werden Weltausschnitte hergestellt. Andererseits sind sie im Sinne der künstlerischen Praxis *Orte der Imagination*. Es geht auf den Probebühnen nicht um das Erzeugen von Fakten, sondern um den Entwurf von Möglichkeiten und also darum, vor der endgültigen Realisierung Optionen, Denk- und Wahrnehmungsweisen in einem gesellschaftlichen Prozess *durchspielen* zu können. Hier, auf den Probebühnen der Wissens- und Welterschaffung, werden die Betroffenen der Anthropozänentwicklung zu Akteur:innen, was dann auch im globalen Rahmen gilt, in dem ja etwa die Betroffenen der Klimaveränderung oft nicht deren Erzeuger:innen sind. Es geht also darum, die Naturwerdungsprozesse der Spätmoderne wieder zu kulturalisieren und damit aus der »selbstverschuldeten Unmündigkeit« zu führen.

EPILOG

Sars-CoV-2 oder die Begegnung mit uns selbst

Die Welt, wie wir sie kennen, ist mit einem Mal auf »Halt« gestellt. Da wir die Logik dieser Welt noch nicht verinnerlicht, da unsere Sinne und Reaktionen noch nicht in Form eines Alltagsverhaltens Routinen ausgebildet haben, reagieren wir mit Verzögerung, mit Irritation. Dadurch entsteht eine Welt im »Limbo«, eine Welt in der Schwebe. Sie wird geschaffen durch ein Virus, das eine todbringende Wirkung hat. Dieses Virus rückt Tag um Tag näher an uns heran, ohne dass wir es sehen. Die Einschläge häufen sich, Einschränkungen nehmen zu, und doch scheint noch die Sonne, bewegen sich Menschen auf der Straße, sind einige Geschäfte geöffnet. Wir befinden uns in einer unheimlichen Welt, die Edgar Allen Poe nicht besser hätte beschreiben können.

Es ist eine Situation, die wir so bisher nicht erlebt haben, für die wir keine eigene, auf unsere Lebensform bezogene Sprache ausgebildet haben. Im Versuch, ihr einen Sinn abzuringen, greifen viele auf Sprachbilder aus der Geschichte zurück. Es sind Erinnerungen etwa an die Pest, die im späten Mittelalter ein Drittel der europäischen Bevölkerung dahinraffte, die im kulturellen Gedächtnis wachgerufen werden. Auch sie kam vermeintlich von außen und traf auf Gesellschaften, die in keiner Weise darauf vorbereitet waren. Mit ihr breitete sich eine düstere Atmosphäre aus, auf die bereits zeitgenössische Stimmen mit dem Ausdruck »Der schwarze Tod« verwiesen. Dabei war die Erfahrung des Todes so allgegenwärtig – die Toten konnten nicht mehr regulär bestattet werden, Leichen lagen in den Straßen –, dass die Menschen die Krankheit, die da über sie hereinbrach, nicht mehr als ein »natürliches« Ereignis, sondern nur mehr als Eingriff Gottes wahrnehmen konnten. Die Folge war eine Auseinandersetzung über Schuld und Strafe sowie die Suche nach einem Sündenbock, der mit den Angehörigen des jüdischen

Glaubens nicht zum ersten Mal schnell gefunden war. Es zeigt sich also: Die aufgerufenen Bilder sind niemals unschuldig. Sie entfalten eigene Logiken und entwickeln eine gesellschaftliche Wirkmacht, die weit über natürliche Prozesse hinausgeht.

Gleichermaßen interveniert auch das heutige Virus nicht nur in die Mikrokosmen unserer Alltagswelt. Vielmehr entfaltet es eine ungeheure Wirkkraft, die ganze Volkswirtschaften an den Rand des Kollapses bringt, globale Lieferketten außer Kraft setzt und Demokratien einem gewaltigen Stresstest unterzieht. Dabei erzeugt letztlich nicht das Virus diese Verwerfungen, sondern der Mensch aus Angst vor dem Virus. Insofern ist es nicht verwunderlich, dass in unterschiedlichen Gesellschaften unterschiedliche Prozesse ablaufen – das Erscheinen des Virus deckt Logiken und Strukturen dieser Gesellschaften und Staaten auf: Sei es, dass der ungarische Premier Orbán das Parlament ausschaltet, China den Überwachungsstaat ausbaut oder der ehemalige israelische Ministerpräsident Netanjahu den Viren mit Instrumenten der Terrorbekämpfung begegnet. Zentralistische Regierungen wie die französische, in der der Präsident in Paris Regeln für das ganze Land anordnet, reagierten anders als föderalistische Gesellschaften wie die deutsche, in der ständige Abstimmungsprozesse zwischen Bund und Ländern stattzufinden haben. Während die deutschen Regierungen auf Länder- und Bundesebene das Leben der Einzelnen von Anfang an in den Mittelpunkt aller Entscheidungsprozesse stellten, versuchte die britische Regierung zunächst im Sinne einer utilitaristischen Strategie zwischen dem Leben Einzelner und dem Gesamtwohl der Gesellschaft abzuwägen, indem sie auf eine Immunisierung der Gesellschaft durch Infektionen setzte und dabei den Tod Einzelner in Kauf nahm.

Nicht nur autoritäre politische Figuren sehen also in Sars-CoV-2 einen Gegner, gegen den es Krieg zu führen gilt. Aber gerade ihnen erlaubt die martialische Sprache, sich als Feldherr:innen in einer existenziellen Schlacht zu inszenieren, um abweichende Stimmen in der Bevölkerung auf Linie zu bringen. Wobei sich die Frage stellt:

Wer ist eigentlich dieser Gegner, gegen den dieser Krieg zu führen ist? Wer oder was sind denn Viren? Welcher Zusammenhang besteht zwischen den Viren als natürlichem Phänomen und ihrer Rolle als kulturellem Bedeutungsträger?

In der Forschung ist es umstritten, ob Viren überhaupt Lebewesen sind. Die Tatsache, dass sie sich vermehren können, deutet zwar darauf hin. Allerdings sind sie dabei auf einen Wirt angewiesen, der ihnen das Milieu bietet, in dem sie sich teilen, in dem sie aber auch mutieren können. Sie selbst verfügen nur über das Programm, das die Teilung und damit Vermehrung steuert, nicht aber über eigene Stoffwechselprozesse. Bezüglich des Programms sind Viren also mit den Algorithmen der digitalen Welt vergleichbar, was auch die virale Metaphorik bei der Beschreibung digitaler Prozesse begründet. Demgemäß sind Viren keine selbstständig agierenden Einheiten und nicht als Lebewesen zu betrachten. Und insofern kann man sie auch nicht im Sinne eines Krieges töten, sondern nur ihre Vermehrung stoppen, indem das Eindringen in die Zellen und damit die Vermehrung verhindert wird.

Im Fall der gegenwärtigen Pandemie wurden menschliche Zellen zu Wirten des Coronavirus, das wahrscheinlich von Fledermäusen über andere Tiere auf den Menschen übertragen worden war, in dessen Zellen sich das Virus zu vermehren begann; der Mensch wurde zum Träger des Virus. Doch zu den eigentlichen Medien der Vermittlung des Virus wurden in diesem Zuge menschliche Lebensweisen, ökonomische Austauschprozesse sowie politische Strukturen. Es lässt sich also sagen, dass das Virus selbst als biologische Einheit nur über ein Minimum an Bedeutung verfügt, die laut Programm im Vermehren und Mutieren besteht. Die eigentliche Bedeutung erhält es durch seinen Träger, ohne den es nicht existieren kann. Auch darin ähnelt es dem binären Code des Algorithmus, dessen Eigenbedeutung nur in der Differenz zweier Zeichen – wahlweise + und - oder 1 und 0 – besteht, der aber seine Wirkmacht durch das Programmieren und damit durch menschliches Handeln erhält.

Vor dem Hintergrund seiner biologischen Funktionsweise wird nun die eigentliche Rolle des Coronavirus klar – und damit seine Bedeutung für unsere Zeit jenseits von Referenzen auf bestehende Sprachbilder oder machtpolitische Funktionalisierungsversuche: Es nistet sich in einen Träger ein, nämlich in die Menschen, die seit dem Beginn des Anthropozäns den Planeten grundlegend umgestaltet haben, das heißt, das Coronavirus interveniert nun in die Logiken der anthropozänen Welt. Oder genauer formuliert: Es sind die Menschen, die dank ihres Gastes, des Virus, die von ihnen geschaffene anthropozäne Welt einem Stresstest unterziehen, wobei dies kein von Menschen – die zunächst lediglich als natürliche Spezies auftreten, als Träger und Übermittler von Viren – intendierter Prozess ist. Durch die rasante Vermehrung von Sars-CoV-2 und seine Weitergabe werden Strukturen und Defizite dieser Welt wie unter einem Brennglas ausgeleuchtet und auf die Probe gestellt. Insofern sind Menschen ebenso Akteur:innen wie Betroffene der ablaufenden Prozesse, sind sie Kultur- wie Naturwesen.

Das Merkmal des Anthropozäns besteht darin, dass der Mensch durch die selbst geschaffenen Technologien und Infrastrukturen so tief in das Erdsystem eingreift, dass er nicht nur den Planeten als Ganzes transformiert, sondern auch das bisherige Gleichgewicht aus der Balance bringt. Dies zeigt sich daran, dass wesentliche Parameter, vom Anstieg des CO2-Gehalts bis zur Versauerung der Meere, vom Wasserverbrauch bis zur Herstellung von Plastik, exponentiell ansteigen – ein Phänomen, das die Wissenschaft als »Great Acceleration« bezeichnet. Der Klimawandel, von dem wir in den letzten Jahren zunehmend betroffen sind und in den kommenden zunehmend betroffen sein werden, ist eine Konsequenz dieser Entwicklung. An ihm zeigt sich, wie sich menschliches Handeln mit natürlichen Prozessen verbindet, wie die von der westlichen Moderne geprägte Trennlinie zwischen Kultur und Natur sich auflöst. Die Vorstellung des Menschen als Akteur vor einer mehr oder weniger konstanten Naturkulisse weicht dynamischen Prozessen, in denen sich menschliches Handeln, technologische Operationen und natürliche Prozesse ineinander und miteinander verwoben entfalten.

Ein grundlegendes Problem vieler dieser anthropozänen Prozesse besteht nun darin, dass sie nicht unmittelbar erfahrbar sind und deshalb auch keine Strategien entwickelt wurden, um mit ihnen umzugehen. Das hat wesentlich mit den Skalierungseffekten zu tun. Wir erleben zwar Trockenheit und Regen, aber nicht die Klimaveränderungen über längere Zeiträume. Wir unternehmen zwar Fernreisen, können aber nicht fassen, was es für den Planeten bedeutet, wenn täglich mehr als zweihunderttausend Flugzeuge Millionen von Menschen um die Erde transportieren. Es ist das Virus nun, das uns die Konsequenzen einer im Rahmen der »Great Acceleration« exponentiell angestiegenen Mobilität vor Augen führt, in der Flüge über den Atlantik oder Reisen nach Fernost Teil der beschleunigten ökonomischen Austauschprozesse sind. Schließlich sind es genau diese Mobilitätsstrukturen, die zum Transportmittel des Virus werden, sind es genau diese gigantischen technologischen, sich über den ganzen Planeten erstreckenden Infrastrukturen – von Staudämmen über Raffinerien, Flughäfen, Straßen- und Eisenbahnnetzen bis zu Ölpipelines, Lieferketten zwischen verschiedenen Produktionsstandorten und digitalen Infrastrukturen mit ihren weltumspannenden Kabelnetzwerken und Serversystemen –, auf denen die anthropozäne Welt beruht.

Diese Infrastrukturen werden mehr und mehr digital miteinander vernetzt und entwickeln sich zu einer eigenen Sphäre, der Technosphäre, die äußerst kapitalintensiv ist und zur Akkumulation von ökonomischer Macht führt. Dies hat Konsequenzen, die wiederum durch die Coronakrise aufgedeckt werden: Die Herstellung der Infrastrukturen, die für die Beschleunigungsphänomene des Anthropozäns verantwortlich sind, hat Gelder aus Bereichen abgezogen, die nicht im engeren Sinne produktiv für diese Entwicklung waren. Dies gilt insbesondere für das Gesundheitswesen und innerhalb dessen für die Betreuungsberufe. Die schnelle Ausbreitung des Virus trifft somit auf Gesundheitssysteme, die in vielen Ländern in einem desolaten Zustand sind und in keiner Weise vorbereitet auf eine von anthropozänen Prozessen beschleunigte Pandemie. Lokale medizinische Infrastrukturen kollabieren.

Hinzu kommt, dass es sich bei den ursprünglichen Verbreiter:innen der Pandemie um Akteur:innen der globalisierten Welt handelt, um Menschen, die aus wirtschaftlichen oder touristischen Gründen Grenzen und Kontinente überqueren. Die Nichtsichtbarkeit des Virus und die Inkubationszeit der von ihm verursachten Erkrankung von bis zu zwei Wochen hat zur Folge, dass potenziell jeder Freund, jede Nachbarin, ja jeder Mensch, dem wir begegnen, ansteckend sein und von uns angesteckt werden kann. Aktuelle Wissensmodelle und technologische Strukturen sind darauf nicht vorbereitet.

Wir sind also gezwungen, in einer Welt zu navigieren, die potenziell unsere Existenz gefährdet, deren spezifische Risiken wir aber nicht bestimmen können.

Es ist dieselbe Logik, die auch dem Klimawandel zugrunde liegt, nur dass bei diesem die Zeitverläufe noch länger gestreckt sind. Die Ausbreitungsprozesse des Virus dagegen sind zeitlich und räumlich erfahrbar, weil sie sich nicht über Jahre oder Jahrzehnte und im Abstrakten entwickeln, sondern das Virus, dank seines exponentiellen Wachstums, wie in einem Zeitraffer an uns heranrückt.

Dabei wird auch zum ersten Mal in einer breiten öffentlichen Auseinandersetzung ersichtlich, was exponentielles Wachstum überhaupt bedeutet. Im Anfangsstadium einer exponentiellen Entwicklung erscheint die Wachstumskurve nämlich linearen Wachstumsformen vergleichbar, die leicht kontrollierbar sind – die Vermehrung von zwei auf vier oder 16 Krankheitsfälle wirkt klein und unbedeutend. Wenn es aber in wenigen Tagen um eine Vermehrung von einer dreistelligen auf eine sechsstellige Anzahl an Betroffenen geht, wird deutlich, dass die quantitativen Veränderungen qualitative Transformationen zur Folge haben. Insofern zeigt sich auch hier, dass die Phänomene des Anthropozäns unsere Erfahrungsräume transzendieren, zeitlich wie räumlich.

Aus diesem Grund wird jetzt mit Milliardenbeträgen Zeit gekauft, um Lösungen für die existenzielle Bedrohung entwickeln zu können. Dabei sind Geldsummen notwendig, die jede menschliche Vorstellung übersteigen, um kompensatorisch auf die von uns Menschen verursachte Problemlage zu reagieren, die eng verbunden ist mit der »Great Acceleration«, bei der die Wissensprozesse der letzten Jahrzehnte vor allem im Hinblick auf ihre technologische Anwendbarkeit und Profitabilität, aber nicht im Hinblick auf den gesellschaftlichen Nutzen und Sinn hin entwickelt wurden, und von der auch insbesondere Menschen des Globalen Südens betroffen sind, die von diesen Prozessen nicht profitieren, aber ihnen ausgesetzt sind. Ihnen stehen fast keine Mittel zur Verfügung, um sich gegen die Ausbreitung des Virus zu wehren. Viele verlieren ihre Jobs aufgrund der Wirtschaftskrise, Tagelöhner:innen können sich nicht mehr frei bewegen, ihnen fehlt der tägliche Lohn für ihre Arbeitskraft. Wer trotz der schlechten Versorgung nicht krank wird, gerät aufgrund der kollabierenden Ökonomien in eine existenzielle Bedrohungslage.

Doch statt nach neuen Formen der Solidarität mit den vom Virus am härtesten Betroffenen im globalen oder auch nur Europas Süden zu suchen, schottet sich der Norden systematisch ab. Und die neuen Nationalist:innen nutzen unter völliger Verkehrung der wirklichen Ursachen die Wohlstandsängste aus, indem sie die alten Metaphoriken von Infektionskrankheiten neu beleben. Die Rede von der Invasion des Virus von außen wird gleichgesetzt mit der Bedrohung durch Migration aus den armen Ländern. Alte Rassismen dienen der Befeuerung einer martialischen Rhetorik, die darauf drängt, die Grenzen dichtzumachen. Hier zeigt sich erneut die Gerechtigkeitslücke, die auch bei anderen anthropozänen Phänomenen wie dem Klimawandel eine grundlegende Rolle spielt. Die am stärksten Betroffenen sind nicht die Verursacher:innen der Prozesse.

Gerade daher bedarf es national aber auch global politischer Strategien, die diese Gerechtigkeitslücke schließen. Denn auch wenn die Politik zurzeit angesichts der Pandemie das Primat gegenüber der Ökonomie zurückerobert, geschieht dies, ohne die eigene globale Verantwortung zu akzeptieren. Stattdessen werden Milliarden eingesetzt, um die am meisten Gefährdeten, ältere und kranke Menschen, im Innern zu schützen. So richtig dieser Schritt ist, löst er nicht das globale Gerechtigkeitsproblem.

Und so sehr die entschlossene staatliche Intervention inmitten der Krise als Gebot der Stunde erscheint, so lauert doch gleichzeitig die Gefahr des Überwachungsstaates, der seine Bürger:innen nicht nur schützt, sondern auch kontrolliert – wie die Bekämpfung der Pandemie in China, die zunächst nur die Speerspitze dieser Entwicklung deutlich macht, in besonders eindrücklicher Weise vor Augen führte.

Die Pandemie hat mithilfe der Strukturen der anthropozänen Welt einen Ausnahmezustand erzeugt, der die demokratischen Gesellschaften auf den Prüfstand stellt, nicht zuletzt, weil der Ausnahmezustand zur Regel werden könnte. Diese Herausforderungen erzwingen eine grundsätzliche Reflexion der Kategorien, die die Grundlagen der anthropozänen Welt bilden und die ihre Wurzeln in der Entwicklungsgeschichte der westlichen Moderne haben. Und sie machen nun mehr denn je kulturelle Techniken nötig, die es uns ermöglichen, uns auf verschiedenen Skalierungsebenen zu bewegen. Das gilt nicht nur für rationale Verfahren, sondern es geht auch darum, die Sensibilität dafür zu entwickeln, dass unser lokales Tun stets auch Auswirkungen in anderen Teilen der Welt wie auf nachfolgende Generationen hat.

Die anthropozäne Welt ist eine Welt, in der es kein Außen mehr gibt. Deshalb kann nationale Abschottung nicht die Antwort auf die Herausforderung der Pandemie sein. Vielmehr muss es globale Strategien für das Gesundheitssystem geben, zumal menschliches Wissen und Technologie den Planeten als Ganzes transformieren und Menschen als Akteur:innen immer auch Teil des Geschehens sind. Wir stellen permanent die Welt her, der wir dann ausgesetzt sind. Insofern sich das Coronavirus dank der Mobilität seines Wirts

Mensch auf dem gesamten Planeten ausgebreitet hat, gibt es keinen Ort, an den wir uns zurückziehen können, um von dort aus, geschützt vor dem Virus, auf die Erde zu blicken. Wir müssen daher unser Handeln und Denken als immanenten Teil dieser Prozesse begreifen und lernen, in dieser Welt zu navigieren, in der wir Menschen in der Vergangenheit – mit dem Versprechen einer besseren Zukunft – Strukturen geschaffen haben, die unsere Zukunft verbauen, das heißt die den Zeitvektor umgedreht haben: Die Zukunft liegt hinter uns und die Vergangenheit vor uns. Deshalb muss es nun darum gehen, die gesellschaftliche Bedeutung technologischer und ökonomischer Entwicklungen wieder in den Vordergrund zu rücken. Denn die Idee, dass sich mit Wissen allein die Welt beherrschen lässt, erweist sich als Illusion. Navigieren heißt, sich als Teil materieller und intelligenter Austauschprozesse zu verstehen und nicht als Teil einer stabilen Welt, für deren Probleme es eindeutige Antworten gibt. So wichtig die Expert:innen bei der Lösung der aktuellen Probleme auch sind – die Fragen, welche Gesellschaft wir wollen und welche Entwicklungen dazu beitragen können, müssen in einer breiten Öffentlichkeit diskutiert werden. Denn ein ganzheitliches Gesellschafts- und Naturmodell, das überlebensfähig sein will, muss Rücksicht auf alle Akteur:innen und die Natur nehmen.

In diesem Sinne darf nicht vergessen werden, dass auch die Viren Teil der menschlichen Lebenswelt sind – in der Tat begleiten sie das Leben von Anfang an, ja, die Geschichte des Lebens ist im Grunde auch eine Geschichte der Viren, schließlich besteht gut die Hälfte unseres Erbgutes aus verstümmelten Viren. Obwohl ein naturwissenschaftliches Wissen über diese Langzeitrolle der Viren in unserer Welt existiert, blenden viele Menschen sie aus unserem Weltverständnis aus. Vielmehr werden sie von einem Weltmodell an den Rand gedrückt, das auf Konsum basiert und in dessen Logik sie nicht hineinpassen. Es fehlt ein Sensorium für diese Welt, die konstitutiv für die unsere ist. Deshalb wird die Ausbreitung des Coronavirus von vielen wie ein Überfall von Außerirdischen empfunden und auch so beschrieben. Und da wir keine Umgangsweisen für die sogenannten

Randbedingungen unserer auf den Individualkonsum ausgerichteten Lebensform entwickelt haben, sind wir gezwungen, »whatever it takes« an Geld einzusetzen. Dieses »whatever it takes« ist die Kompensation für ein Lebensmodell ungebremsten, auf Individuen abgestimmten Wachstums, das diese als konsumptive Einheiten aus ihren Umweltbezügen löst.

Da dieses »whatever it takes«-Krisenmanagement jedoch nicht unbegrenzt angewandt werden kann, besteht die Herausforderung der Corona-Pandemie darin, neue Lebensmodelle zu entwickeln. Es muss darum gehen, Praktiken und Denkformen, ja ein neues Alphabet des Lebens und Zusammenlebens zu entwickeln, das die Einzelnen nicht als abgeschottete Monaden versteht, sondern sie als in eine komplexe Welt von Beziehungen eingebettet begreift. Um diese Austauschbeziehungen mit der materiellen und sozialen Welt im Sinne eines dynamischen Gleichgewichts zu erhalten, kann es nicht nur um die Durchsetzung der eigenen Interessen gehen; es muss auch ein Sensorium für die anderen und für die Welt entwickelt werden. Dieses muss in einem Geben und Nehmen bestehen, in einem Einwirken auf, aber auch in einer Sorge um die Welt, um eine persönliche Entfaltung, die die Solidarität mit anderen stets miteinbezieht.

Zur Entwicklung dieser Praktiken ist auch eine neue Raumpolitik nötig: Es braucht kleine, dezentrale lokale und regionale Einheiten, die für alle Akteur:innen einen gemeinsamen Erfahrungsraum darstellen, wobei die Rückkehr zu kleineren Einheiten auch die Konsequenz aus einer anderen Beobachtung der anthropozänen Entwicklung sein sollte. Es können nämlich nie alle Parameter neuer Entwicklungen kontrolliert werden. Dies führt zu den sogenannten nicht intendierten Konsequenzen. Sie werden in der Regel einfach hingenommen, manchmal werden sie zunächst auch nicht erkannt, immer wieder werden sie sogar ganz ausgeblendet. Es ist geradezu kennzeichnend für die anthropozäne Entwicklung des 20. Jahrhunderts, dass sie geprägt ist von einem dramatischen Anstieg der Bedeutung nicht intendierter Folgen. Diese reichen vom Anstieg des Atommülls über die Verschmutzung der Meere bis zum Klimawandel und artikulieren sich in Großkatastrophen wie Tschernobyl und Fukushima. Diese Katastrophen entfalten eine weltumspannende Bedeutung, weil sie auf hochskalierten Infrastrukturen beruhen. Diese Infrastrukturen wurden nicht aus den Bedürfnis-, Wissens- und Kontrollstrukturen lokaler Gesellschaften entwickelt, sondern sind planetarische Antworten auf Herausforderungen wie die Energieversorgung. Eine Einbettung von technologischen Entwicklungen in die Handlungs- und Lebensgewohnheiten lokaler Einheiten würde daher die Skalierung möglicher Fehlentwicklungen und Katastrophen erheblich reduzieren.

Auf dieser Grundlage gilt es also, Mikroökonomien und -politiken zu entwerfen. Diese Erfahrungsräume könnten dank digitaler Kommunikationsstrukturen weltweit miteinander vernetzt sein. Allerdings sollte diese Vernetzung nicht durch Plattformen erfolgen, sondern durch Strukturen, die Nutzer:innen unmittelbar in Kontakt bringen, um den dezentralen Charakter der Kommunikation aufrechtzuerhalten. Diese ökonomischen und politischen Strukturen würden dann auf einer Logik der Relationen und nicht auf einer Logik der Skalierung aufbauen, bei der es nur um möglichst große Stückzahlen, um immer größeren Profit geht – mit planetarischen Konsequenzen. In der Relationenlogik würden gleichwertige Einheiten, die jeweils lokale Strategien verfolgen, miteinander in einen Austausch treten. So würde menschliches Handeln wieder zurück an überschaubare Kontexte gebunden, was höchstwahrscheinlich auch eine gewisse Entschleunigung der Prozesse zur Folge hätte. Diese könnte sich langfristig im Gegensatz zu den teuer erkauften Vollbremsungen der letzten Jahre sogar als kostengünstiger erweisen.

Satelliten haben während des Lockdowns Bilder aus Industrieregionen gesandt, deren Luft in der Vergangenheit völlig verschmutzt war. Plötzlich wurde eine klarere Atmosphäre sichtbar. Die Erde schien an einigen Stellen durchzuatmen. Es öffnete sich ein kleines Fenster. Wir sollten, um Handlungsspielräume zu gewinnen, dieses Fenster ein Stück weit offen halten und die Zeit nutzen, um die Frage zu beantworten, welche Welt wir eigentlich wollen.

DANK

Dieses Buch ist während der letzten Jahre in der Auseinandersetzung mit dem *Anthropozän-Projekt* des Hauses der Kulturen der Welt (HKW) entstanden. Ich war als Intendant federführend für das Projekt zuständig, das im Jahre 2011 begann und sich als eine über Jahre entfaltende, äußerst kooperative, inspirierende und experimentierende Teamarbeit gestaltete.

In diesem Sinne verdankt sich die Entwicklung des Buches auch einer Vielzahl von Gesprächen und Anregungen von Kolleg:innen aus Berlin und der ganzen Welt, von denen ich hier nur einige wenige stellvertretend für ganze Wissensnetzwerke nennen kann. Mir ist es trotzdem wichtig, diese Personen herauszuheben, weil die Gespräche und Auseinandersetzungen mit ihnen sich über einen Zeitraum von nun fast zehn Jahren erstreckten.

Beginnen möchte ich meinen Dank bei meinen Mitarbeiter:innen am HKW. Da sind vor allem die Kurator:innen und Bereichsleiter:innen zu nennen, mit denen das Grundkonzept für das Projekt ausgearbeitet wurde: Silvia Fehrmann, Detlef Diederichsen, Anselm Franke und vor allem Katrin Klingan, die mit ihrem Team dann das Projekt weiterführte. Daniel Neugebauer stieß später dazu. Dank gilt auch meinen langjährigen Mitarbeiter:innen Alex Engel, Olga von Schubert, Katinka Bhagwati und Stefan Aue für viele Anregungen und Hinweise. Bedanken möchte ich mich auch bei meinem Mitarbeiter Philipp Albers, der in der Schlussphase der Redaktion noch einige wichtige Hinweise gab. Christoph Rosol, der eine Sonderrolle einnahm, da er gleichzeitig für das HKW und das Max-Planck-Institut (MPI) für Wissenschaftsgeschichte arbeitete und in dieser Rolle den Austausch mit den Wissenschaften intensivierte, möchte ich besonders für eine Reihe von Textkorrekturen danken. Gleichzeitig entwickelte sich aus der engen Zusammenarbeit mit dem MPI für Wissenschaftsgeschichte eine langjährige, intensive Arbeitsbeziehung mit dessen Direktor Jürgen Renn, die in jeder Hinsicht inspirierend war und sich auch direkt im Buch niedergeschlagen hat.

Eng arbeiteten wir am HKW auch von Anfang an mit der Anthropocene Working Group zusammen. Hier möchte ich insbesondere den Leitern der Gruppe Jan Zalasiewicz und Colin Waters für die vielen anregenden Gespräche danken, die mir einen tieferen Einblick in das wissenschaftliche Verfahren der Formalisierung des Begriffs erlaubt haben. Obwohl beide, aus der Paläobiologie beziehungsweise der Geologie kommend, Vertreter der »rock sciences« sind (ein Ausdruck, den Jan Zalasiewicz immer wieder gern benutzt), waren sie nicht nur an den kulturellen und sozialen

Implikationen des Anthropozän-Begriffs interessiert, sondern beförderten auch unsere Arbeit in großzügiger Art und Weise.

Für die Rezeption des Begriffs in den Kulturwissenschaften spielte wiederum die Arbeit von Dipesh Chakrabarty eine grundlegende Rolle. Auch ihm möchte ich dafür danken, dass er sich seit der ersten Stunde im HKW-Anthropozän-Projekt engagierte und uns dafür sensibilisiert hat, wie sich der Zeit- und Geschichtsbegriff angesichts des Anthropozäns verändert und grundlegende Auswirkungen für den uns in den letzten Jahren zunehmend prägenden postkolonialen Diskurs zeitigt. Denn wie in der hier vorgelegten Arbeit deutlich geworden sein sollte, sind koloniales Denken und die Geschichte der Sklaverei zutiefst in die anthropozänen Entwicklungen eingeschrieben. Augenfällig wurde dies insbesondere durch das große Mississippi-Projekt, das wir mit vielen US-amerikanischen Kolleg:innen durchführten und in dem die Plantagen im Süden der USA eine grundlegende Rolle spielten. Stellvertretend für viele Mitarbeiter:innen innerhalb dieses Projekts, das uns die sozialen und politischen Dimensionen anthropozäner Entwicklungen an einem konkreten historisch-geologischen Kontext vor Augen geführt hat, möchte ich mich bei Kim Fortun, Brian Holmes, John Kim und Scott Knowles bedanken.

Ein großer Dank geht zudem an Armin Linke, der unser Projekt mit seiner künstlerischen Arbeit während der ganzen Zeit begleitete und dabei eigene ästhetische Zugänge zu den anthropozänen Phänomenen eröffnete, die sich auch in diesem Buch niedergeschlagen haben.

Ein ständiger Begleiter der letzten Jahre waren die Arbeiten von Anna Tsing und Bruno Latour. Speziell das Werk von Tsing, mit der ich mich dankenswerterweise auch einige Male persönlich austauschen konnte, erscheint mir wegweisend für die kulturellen und gesellschaftlichen Dimensionen des Anthropozäns.

Großen Dank schulde ich auch David Frühauf, dem Verlagslektor, der als erster Leser des gesamten Textes eine Reihe wichtiger Anregungen sowohl im Hinblick auf Details wie auf die Gesamtstruktur des Textes gegeben hat.

Last but not least geht mein Dank an Rüdiger Kruse, Benno Rech, Kuno Lorenz und Andreas Rötzer: Rüdiger Kruse, der als Mitglied des Bundestages aufgrund seines persönlichen Engagements die Finanzierung des Anthropozän-Projekts ermöglichte; Benno Rech, der die Entwicklung des Buchs durch eine Reihe stilistischer Hinweise begleitete; Kuno Lorenz, dessen Anregungen zur philosophischen Schärfung einzelner Themen beitrug; und Andreas Rötzer, der von Verlagsseite die Entwicklung des Buchs von Anfang an voller Empathie begleitete.

Anmerkungen

1 Es gibt Hinweise darauf, dass selbst der Syrienkrieg u. a. durch Klimaveränderungen mit ausgelöst wurde: Colin P. Kelley, Shahrzad Mohtadi, Mark A. Cane, Richard Seager, Yochan Kushnir, »Climate change in the Fertile Crescent and implications of the recent Syrian drought«, in: *Proceedings of the National Academy of Sciences of the United States of America* 112, 11 (2015), S. 3241–3246; Henry Fountain, »Researchers Link Syrian Conflict to a Drought Made worse by Climate Change«, in: *The New York Times*, 2.3.2015.

2 Jeremy Davies, *The Birth of the Anthropocene*, Oakland 2016, S. 42.

3 Vgl. dazu den Artikel von Paul J. Crutzen u. Eugene F. Stroemer, »The Anthropocene«, in: *IGBP Newsletter* 41 (2000), S. 16–18.

4 Vgl. Dipesh Chakrabarty, »The Climate of History: Four Theses«, in: *Critical Inquiry* 35, Nr. 2 (2009), S. 197–222.

5 Eine sehr gute systematische Einführung in das Thema bietet Eva Horn u. Hannes Bergthaller, *Anthropozän zur Einführung*, Hamburg 2019. Und seit 2009 untersucht die Anthropocene Working Group (AWG), ein Subkomitee der International Commission on Stratigraphy (ICS), die für die Entwicklung einer geologischen Zeitskala verantwortlich ist (Jan Zalasiewicz, N. Colin Waters, Mark Williams, Colin P. Summerhayes (Hg.), *The Anthropocene as a Geological Time Unit. A Guide to the Scientific Evidence and Current Debate.* Cambridge 2019, S. 9 ff.), ob es hinreichende geologische Evidenzen für eine Formalisierung des Begriffs gibt. Erste Ergebnisse wurden 2016 auf dem internationalen Geologenkongress in Kapstadt vorgestellt und mit der Feststellung verbunden, »that the Anthropocene possesses geological reality consistent with a potential formal time unit and that a proposal towards formalisation should be made, at the hierarchical level of epoch/series with a boundary to be defined [...] at some level at or around the mid-20th century. ›Bomb Test‹ radionuclides were suggested as the primary marker.« (Ebd., S. 10.)

6 Horst Bredekamp, »Der Mensch als Mörder der Natur. Das ›Iudicium Iovis‹ von Paulus Niavis und die Leibmetaphorik«, in: Heimo Reinitzer (Hg.), *All Geschöpf ist Zung' und Mund. Beiträge aus dem Grenzbereich von Naturkunde und Theologie*, Hamburg 1984, S. 261–283.

7 Ebd., S. 264.

8 Vgl. dazu auch Bruno Latour, *Das Parlament der Dinge. Für eine politische Ökologie*, Frankfurt a. M. 2001.

9 Vgl. Kuno Lorenz, »Was haben künstlerische und wissenschaftliche Erkenntnisse miteinander zu tun?«, in: ders., *Philosophische Variationen*, Berlin, New York 2011, S. 333–348, hier S. 344 f.

10 Theodor W. Adorno, *Gesammelte Schriften*, Bd. 11: *Noten zur Literatur*, hg. von Rolf Tiedemann, Frankfurt a. M. 1974, S. 680 f.

11 Walter Benjamin, »Über den Begriff der Geschichte«, in: ders., *Gesammelte Schriften*, Frankfurt a. M. 1974, S. 691–706, hier S. 691 f.

12 Eine der bekanntesten aristotelischen Definitionen ist etwa die des Menschen als »vernünftiges Lebewesen«.

13 Publius Ovidius Naso, *Metamorphosen*. Lateinisch-deutsch, hg. u. ü. v. Niklas Holzberg, Berlin, Boston 2017, S. 430–439 (Buch 8, 738–878).

14 Hans Christoph Binswanger, *Vorwärts zur Mäßigung. Perspektiven einer nachhaltigen Wirtschaft*, Hamburg 2009.

15 Ovid, *Metamorphosen*, S. 506–511 (Buch 10, 243–294).

16 Denis Diderot, *Philosophische Schriften*, Berlin 2013, S. 79–81.

17 Diese Geschichte hat wiederum ein anderes literarisches Vorbild: die zu Beginn der Industriellen Revolution von der Britin Mary Shelley erzählte Geschichte des Wissenschaftlers Victor Frankenstein. Ihm gelingt es, ein lebendiges Geschöpf zu erschaffen. Da er sich aber nur auf die funktionalen Aspekte konzentriert, sieht dieses Geschöpf so schrecklich aus, dass sich niemand darum kümmern will. Ausgegrenzt aus der Welt der Menschen, wird es aggressiv und tötet. In diesem Sinne handelt es sich auch bei den Monstern und speziell bei Frankenstein um Denkbilder, die es erlauben, sich der Zeichenwelt des Anthropozäns anzunähern. Siehe das Kapitel »Die Monster des 19. und 20. Jahrhunderts«.

18 Natürlich sind auch bestimmte Gegenstände wie fossile Brennstoffe endlich. Aber beim Verbrennen finden im Prinzip nur Umwandlungsprozesse stofflicher wie energetischer Art statt.

19 David Wengrow, *The Origin of Monsters. Image and Cognition in the First Age of Mechanical Reproduction*, Princeton 2014, S. 99 ff.

20 Ebd., S. 101, Bild 6.4.

21 Ebd., S. 101, Bild 6.5.

22 Ebd., S. 95.

23 Ebd., S. 100 ff.

24 Siehe dazu Jürgen Renn, »Was wir von Kuschim über die Evolution des Wissens und die Ursprünge des Anthropozäns lernen können«, in: ders. u. Bernd Scherer, *Das Anthropozän. Zum Stand der Dinge*, Berlin 2015, S. 184–209.

25 Ebd., S. 186.

26 Ebd., S. 188.
27 Ebd., S. 191.
28 Siehe Floris Cohen, *Die zweite Erschaffung der Welt. Wie die moderne Naturwissenschaft entstand*, Frankfurt a. M., New York 2010, S. 20.
29 Neuere Forschungen verweisen darauf, dass es theoretische Ansätze bereits vor den Griechen gab, z. B. bei den Indern. Für unsere Darstellung ist aber vor allem relevant herauszuarbeiten, worin der qualitative Unterschied zwischen einer praktischen und einer theoretischen Geometrie besteht.
30 Als Motivation für dieses Axiom kann die Praxis des gegeneinander Reibens zweier kugelförmiger Linsen dienen, bis deren Ununterscheidbarkeit hergestellt ist.
31 Siehe ebd., S. 165.
32 Die Motivation für dieses Axiom kommt aus der Praxis des Auseinanderklappens von Figuren. Vgl. dazu Jürgen Mittelstraß, *Neuzeit und Aufklärung. Studien zur Entstehung der neuzeitlichen Wissenschaft und Philosophie*, Berlin, New York 1970, S. 31 f.
33 Ebd., S. 21.
34 Cohen, *Die zweite Erschaffung der Welt*, S. 107 f.
35 Ebd., S. 111.
36 Ebd., S. 113 f.
37 Hans Belting hat in seinem Buch *Florenz und Bagdad. Eine west-östliche Geschichte des Blicks,* München 2008, aufgezeigt, wie die Künstler:innen der Renaissance diese Bildtechnik durch das Studium einer anderen Kultur entwickelten, nämlich der Kultur der Araber und ihrer mathematischen Untersuchungen zum Sehen.
38 Zitiert nach Karl Schlögel, *Im Raume lesen wir die Zeit. Über Zivilisationsgeschichte und Geopolitik*, Frankfurt a. M. 2007, S. 167.
39 Ebd.
40 Ebd., S. 176.
41 Ebd., S. 189.
42 Ebd., S. 169.
43 Ebd., S. 180 f.
44 Zitiert nach Maly u. Dietfried Gerhardus, *Kubismus und Futurismus. Die Entwicklung zum autonomen Bild*, Freiburg i. Br. 1977, S. 45.
45 Peter Gay, *Die Moderne. Eine Geschichte des Aufbruchs*, Frankfurt a. M. 2008, S. 104.
46 Johann Wolfgang Goethe, *Die Wahlverwandtschaften*, Erläuterungen von Hans-J. Weitz, mit einem Essay von Walter Benjamin, Frankfurt a. M., Leipzig 1972, S. 37.

47 Aleida Assmann, *Ist die Zeit aus den Fugen? Aufstieg und Fall des Zeitregimes der Moderne*, München 2013, S. 201.

48 Zur Veränderung des Zeitverständnisses zu Beginn des 20. Jahrhunderts siehe Stephen Kern, *The Culture of Time and Space, 1880–1918*, Cambridge (MA) 2003 (1. Auflage 1983), S. 12–14.

49 Die Rolle der Armbanduhr als tickende Zeitbombe hatte auch der »war poet« Siegfried Sassoon erkannt: »Lines of grey, muttering faces, masked with fear, / They leave their trenches, going over the top, / While time ticks blank and busy on their wrists, / And hope, with furtive eyes and grappling fists, / Flounders in mud. O Jesus, make it stop!« Aus: Siegfried Sassoon, »Attack«, in: ders., *Counter-attack, and other poems*, New York 1918, S. 18.

50 Benjamin Steininger, »Raffinerie und Katalyse«, in: Jürgen Renn u. Bernd Scherer (Hg.), *Das Anthropozän. Zum Stand der Dinge*, Berlin 2015, S. 210–225.

51 Helga Nowotny, *Eigenzeit. Entstehung und Strukturierung eines Zeitgefühls*, Frankfurt a. M. 1989.

52 Walter Benjamin, »Traumstadt und Traumhaus, Zukunftsträume, anthropologischer Nihilismus, Jung«, in: ders., *Das Passagen-Werk (Vollständige Ausgabe)*, herausgegeben von Rolf Tiedmann, Bd. 1, Frankfurt a. M. 1982, S. 490–510.

53 Marcel Beyer, *XX. Lichtenberg-Poetikvorlesungen*, Göttingen 2015.

54 Als eine solche Entwicklung, die vom Rande der globalen Welt direkt in ihr Zentrum führt und dabei die Logiken der anthropozänen Welt aufdeckt, kann die Verbreitung von Sars-CoV-2 angesehen werden. Siehe hierzu den Epilog »Sars-CoV-2 oder die Begegnung mit uns selbst«.

55 David Graeber, *Schulden. Die ersten 5000 Jahre*, Stuttgart 2012, S. 7.

56 Vielleicht finden einige von uns hier die lange gesuchte Erklärung dafür, warum sie in der Schule so schlecht in Mathematik abgeschnitten haben: Sie konnten einfach die Zahlenwerke nicht mehr mit ihrer gelebten Realität in Verbindung bringen.

57 Christina von Braun, *Der Preis des Geldes. Eine Kulturgeschichte*, Berlin 2012.

58 Neben der Schuld gibt es eine Vielzahl von Bildern und Begriffen aus dem religiösen Bereich, die unser Verständnis des Ökonomischen mitprägen. So erinnert die »unsichtbare Hand« des Marktes, die Adam Smith einführte, um für das Marktgeschehen eine eigene Logik zu reklamieren, an die Hand Gottes, die das Erdgeschehen lenkt. Aber auch ältere Begriffe wie Kredit, von *credo* stammend, oder Offenbarungseid kommen direkt aus der Sphäre des Religiösen.

Siehe Jochen Hörisch, *Tauschen, sprechen, begehren. Eine Kritik der unreinen Vernunft*, München 2011.

59 Daniel Schäfer, »Der Schock durch den Fonds der Nobelpreisträger«, in: *Frankfurter Allgemeine Zeitung*, 13.3.2008.

60 Siehe das Kapitel »Mathematik und Monster«.

61 {de.statista.com/statistik/daten/studie/157755/umfrage/klimawandel---die-weltweit-waermsten-jahre-seit-1880/}, letzter Zugriff am 12.6.2021.

62 John Maynard Smith, *The Theory of Evolution*, Cambridge (MA) 1993, S. 311.

63 von Braun, *Der Preis des Geldes*, S. 40 f.

64 Bredekamp, »Der Mensch als Mörder der Natur. Das ›Iudicium Iovis‹ von Paulus Niavis und die Leibmetaphorik«; siehe dazu das Kapitel »Erde und Mensch. Ein Gerichtsverfahren am Ende des 15. Jahrhunderts«.

65 Ebd., S. 264.

66 Zum Folgenden siehe Akeel Bilgrami, »Occidentalism, the Very Idea. An Essay on Enlightenment and Enchantment«, in: *Critical Inquiry*, 32/3 (Frühjahr 2006), S. 381–411, hier S. 396 ff.

67 Siehe das Kapitel »Geometrie. Die Vermessung von Mensch und Welt«.

68 Matthew Norton Wise, »Architecture for Steam«, in: Peter Galison u. Emily Thompson (Hg.), *The Architecture of Science*, Cambridge (MA), London 1999, S. 107–140, hier S. 107 ff.

69 Ebd., S. 114.

70 Yehuda Elkana, »The University of the 21st Century. An Aspect of Globalisation«, in: Jürgen Renn (Hg.), *The Globalisation of Knowledge in History. Max Planck Research Library for the History and Development of Knowledge. Studies I*, Berlin 2012, S. 605–630, hier S. 609.

71 Die Probleme, die daraus erwachsen, dass der Leidensaspekt im Tun ausgeblendet wird, erleben Menschen der heutigen Gesellschaften an ihren eigenen Körpern. Wenn der Körper zum reinen Instrument wird, dessen Teile man austauschen kann und das sich mittels Drogen und Selbstgeißelung zu unbeschränkter Arbeit antreiben lässt, dann geht die Fähigkeit verloren, seine Signale zu lesen, die über seine Leiden Aufschluss geben. Ermattung und Burn-out sind die Folgen.

72 Dipesh Chakrabarty, »History on an Expanded Canvas. The Anthropocene's Invitation«, in: {hkw.de/de/app/mediathek/video/22392}, letzter Zugriff am 12.6.2021.

73 Zitiert nach Stephen Greenblatt, *Wunderbare Besitztümer. Die Erfindung des Fremden: Reisende und Entdecker*, Berlin 1994, S. 87.

74 Tzvetan Todorov, *Die Eroberung Amerikas. Das Problem des Anderen*, Frankfurt a. M. 1985, S. 161 f.

75 Greenblatt, *Wunderbare Besitztümer*, S. 94 ff.

76 Zitiert nach Todorov, *Die Eroberung Amerikas*, S. 48.

77 Vgl. dazu Aleida Assmann, »Schwelle zwischen Alter und Neuer Welt: Francis Bacons Frontispiz zur Instauratio Magna«, in: Christoph Markschies u. a. (Hg.), *Atlas der Weltbilder*, Berlin 2011, S. 212–219, hier S. 216 f.

78 Der Ausdruck stammt von dem Ethnologen Sidney Mintz, siehe dazu Erhard Schüttpelz, »Die karibische Erkenntnis«, in: Diedrich Diedrichsen u. Anselm Franke, Haus der Kulturen der Welt (Hg.), *Liebe und Ethnologie. Die koloniale Dialektik der Empfindlichkeit (nach Hubert Fichte)*, Berlin 2019, S. 131–135, hier S. 132.

79 Derek Walcott, »Die Antillen. Fragmente epischen Erinnerns«, in: ders., *Erzählungen von den Inseln*, übers. von Klaus Martens, München, Wien 1993, S. 7–24, hier S. 9 f.

80 Der ganze Brief ist abgedruckt in: Edouard Glissant, *Zersplitterte Welten. Der Diskurs der Antillen*, Heidelberg 1986, S. 41 f.

81 Ich knüpfe in der folgenden Darstellung an die anthropologischen Reflexionen von Kuno Lorenz im Rahmen seiner dialogischen Philosophie an, bei der er seine eigenen Rekonstruktionen innerhalb der Philosophiegeschichte verortet. Kuno Lorenz, »Stationen auf dem Weg einer Selbstbestimmung des Menschen«, in: ders., *Philosophische Variationen*, Berlin, New York 2011, S. 372–390, hier S. 374 ff.

82 Ebd., S. 375.

83 Ebd., S. 376.

84 René Descartes, *Meditationen über die Grundlagen der Philosophie mit den sämtlichen Einwänden und Erwiderungen*, Hamburg 1972, S. 20.

85 Siehe das Kapitel »Geometrie. Die Vermessung von Mensch und Welt«.

86 Thomas Hobbes, *Grundzüge der Philosophie. Erster Teil: Lehre vom Körper*, Leipzig 1949, »Von der Philosophie«, Abschnitt 10.

87 Ebd., Abschnitt 2.

88 Lorenz, »Stationen auf dem Weg einer Selbstbestimmung des Menschen«, S. 378.

89 Immanuel Kant, *Kritik der reinen Vernunft. Zweiter Teil*, Darmstadt 1956, A 546 ff.

90 Ebd., A 551.

91 Glissant, *Zersplitterte Welten*, S. 41 f.

92 Vgl. zu dieser Rekonstruktion von Lockes Gesellschaftstheorie: C. B.

Macpherson, *Die politische Theorie des Besitzindividualismus. Von Hobbes bis Locke*, Frankfurt a. M. [4]2016.

93 John Locke, *Zwei Abhandlungen über die Regierung*. Frankfurt a. M. [15]2017, S. 215 (II, §25, Hvh. i. O.).

94 Ebd., S. 216 (II, §26; Hvh. i. O.).

95 Ebd., S. 216 (II, §27; Hvh. i. O.).

96 Vgl. ebd., S. 219 f. (II, §32).

97 Ebd., S. 219 (II, §31).

98 Ebd., S. 221 (II, §36).

99 Ebd., S. 229 (II, §47).

100 Ebd., S. 223 (II, §37).

101 Ebd., S. 216 (II, §27; Hvh., i. O.).

102 Ebd., S. 251 f. (II, §85; Hvh. i. O.).

103 Macpherson, *Die politische Theorie des Besitzindividualismus*, S. 233 ff.

104 Karl Polanyi, *The Great Transfomation. Politische und ökonomische Ursprünge von Gesellschaften und Wirtschaftssystemen*, Frankfurt a. M. 1978, S. 225.

105 Ebd., S. 243

106 Ebd., S. 244 f.

107 Vgl. dazu Saidiya V. Hartman, *Scenes of Subjection. Terror, Slavery, and Self-Making in Nineteenth-Century America*, New York, Oxford 1997.

108 Isaac W. Brinckerhoff, *Advice to Freedmen* (1864), zitiert nach Hartman, *Scenes of Subjection*, S. 135 (Hvh. i. O.).

109 Jared Bell Waterbury, *Friendly Counsels for Freedmen*, zitiert nach Hartman, *Scenes of Subjection*, S. 136.

110 Hartman, *Scenes of Subjection*, S. 146.

111 Ebd., S. 142 (Hvh. i. O.).

112 Ebd., S. 118 f.

113 Macpherson, *Die politische Theorie des Besitzindividualismus*, S. 278 ff.

114 Ebd., S. 280.

115 Siehe dazu u. a. Sylvia Wynter, »Columbus, the Ocean Blue, and Fables That Stir the Mind. To Reinvent the Study of Letters«, in: Bainard Cowen u. Jefferson Humphries, *Poetics of the Americas. Race, Founding, and Textuality*, Baton Rouge, London 1997, S. 141–164.

116 Siehe dazu Alice Creischer, Max Jorge Hinderer u. Andreas Siekmann (Hg.), *Das Potosí-Prinzip. Wie können wir das Lied des Herren im fremden Land singen? Koloniale Bildproduktion in der globalen Ökonomie*, Köln 2010, S. 20 ff., 156 f.

117 Ebd., S. 179.

118 Peter Bakewell, *Miners of the Red Mountain. Indian Labor in Potosí, 1545–1650*, Albuquerque 1984, S. 45.

119 Ebd., S. 47.

120 Ebd., S. 113 f.

121 Ebd., S. 123.

122 Siehe dazu Paul Gilroy, »Der Black Atlantic«, in: HKW in Zusammenarbeit mit Tina Campt u. Paul Gilroy (Hg.), *Der Black Atlantic*, Berlin 2004, S.12–32, hier S. 14 ff.

123 Anna Lowenhaupt Tsing, *Der Pilz am Ende der Welt. Über das Leben in den Ruinen des Kapitalismus*, Berlin 2018, S. 60.

124 Achille Mbembe, *Kritik der schwarzen Vernunft*, Frankfurt a. M. 2014, S. 199 (Hvh. i. O.).

125 Ebd., S. 204.

126 Ebd., S. 199 f. Darüber hinaus waren, um die Grenze zwischen Sklav:innen und Herren zu garantieren, geschlechtliche Beziehungen über die ›Rassengrenzen‹ hinweg nicht erlaubt, siehe ebd., S. 93.

127 Ebd., S. 216 f.

128 Ebd., S. 59 f.

129 Sidney Mintz, *Die süße Macht. Kulturgeschichte des Zuckers*, Frankfurt a. M. 2007, S. 75 ff.

130 Als einer der bedeutensten Vertreter dieser Richtung gilt Willard Van Orman Quine (*Word and Object*, Cambridge (MA) 1960). Für Quine liefern die Naturwissenschaften uns alles, was wir zur Erklärung des Universums wissen müssen. Folgerichtig wird die Erkenntnistheorie eine Zweigdisziplin der Psychologie. Die naturalistische Erklärung von Denk- und anderen kulturellen Prozessen bis hin zum moralischen Urteil auf der Grundlage naturwissenschaftlicher Forschung findet sich in den letzten Jahrzehnten bei einer Reihe von Wissenschaftlern, etwa bei Robert Boyd u. Peter J. Richerson, *Culture and the Evolutionary Process*, Chicago 1985; David Hull, *Sciene as a Process. An Evolutionary Account of the Social and Conceptual Development of Science*, Chicago 1988; Michael Tomasello, *Eine Naturgeschichte der menschlichen Moral*, Berlin 2020.

131 Im 20. Jahrhundert geht diese Position auf Bertrand Russell zurück, der im Anschluss an Leibniz die Konstruktion einer formalen Sprache forderte, um den Irreführungen der Gebrauchssprache zu entgehen, siehe u. a. Bertrand Russell, *Introduction to Mathematical Philosophy*, London 1919. Ging es Russell bei der bewussten Konstruktion einer formalen Sprache darum, die Grundlagen-

probleme der Philosophie zu klären, verweisen in der zweiten Hälfte des 20. Jahrhunderts Forscher:innen zunehmend darauf, dass unsere sprachlichen und kulturellen Konstruktionen wesentlich dafür verantwortlich sind, wie wir die Welt sehen und verstehen. In diesem Kontext entwickelte Ernst von Glasersfeld im Anschluss an Jean Piaget einen Radikalen Konstruktivismus, der davon ausgeht, dass Wissen nur jedem einzelnen Individuum zur Verfügung steht, indem es sich Handlungsschemata aufbaut, um die vielen Sinneseindrücke zu verarbeiten. Andere Menschen sind dann immer Konstruktionen eines Individuums (*Der Radikale Konstruktivismus. Ideen, Ergebnisse, Probleme*, Frankfurt a. M. 1996) Für Heinz von Foerster, langjähriger Direktor des legendären Biological Computer Laboratory in Illinois, stellt Erkennen vor dem Hintergrund der Kybernetik dann nur noch das Errechnen einer Realität dar. Es bedarf zur Erkenntnis weder einer Repräsentation noch der Idee eines Gegenstandes in einem Individuum, sondern nur einer Struktur, die die Beschreibung errechnet. (Heinz von Foerster, *Sicht und Einsicht. Versuche zu einer operativen Erkenntnistheorie*, Wiesbaden 1985.)

132 Hartmut Böhme u. Gernot Böhme, *Das Andere der Vernunft. Zur Entwicklung von Rationalitätsstrukturen am Beispiel Kants*, Frankfurt a. M. ^{7}2016, S. 35 ff.

133 Vgl. dazu Bernd Michael Scherer, *Prolegomena zu einer einheitlichen Zeichentheorie. Ch. S. Peirces Einbettung der Semiotik in die Pragmatik*, Tübingen 1984, S. 57 ff.

134 Siehe auch Böhme u. Böhme, *Das Andere der Vernunft*, S. 38.

135 Ebd., S. 51 ff.

136 Descartes, *Meditationen*, Dritte Meditation.

137 Ebd., S. 35.

138 Böhme u. Böhme, *Das Andere der Vernunft*, S. 52.

139 Norbert Elias, *Über den Prozeß der Zivilisation. Soziogenetische und psychogenetische Untersuchungen*, 2 Bde., Frankfurt a. M. ^{6}1978.

140 Böhme u. Böhme, *Das Andere der Vernunft*, S. 62 ff.

141 Philipp Ariès, *Geschichte der Kindheit*, München ^{2}1979.

142 Zitiert nach Böhme u. Böhme, *Das Andere der Vernunft*, S. 66.

143 Hermann Parzinger, *Die Kinder des Prometheus. Eine Geschichte der Menschheit vor der Erfindung der Schrift*, München ^{2}2015, S. 31.

144 Scherer, *Prolegomena zu einer einheitlichen Zeichentheorie*, S. 75 ff.

145 Wohlgemerkt handelt es sich hier nicht um eine historische Rekonstruktion, sondern um eine begriffliche Modellkonstruktion der Reflexionsebene. Die historisch verwendeten Zeichen für die Bedrohung durch Feuer waren gewiss andere.

146 Ovid, *Metamorphosen*, S. 100 f. (Buch 2, S. 200–213).

147 Hesiod, *Theogonie. Werke und Tage*. Griechisch-deutsch, hg. u. ü. v. Albert von Schirnding, Berlin [5]2012, S. 44 f. (521 ff).

148 Zu den Prozessen von Aneignung und Distanzierung vgl. Kuno Lorenz, »Nomos und Physis angesichts menschlicher Vernunft«, in: ders., *Philosophische Variationen*, Berlin, New York 2011, S. 305–319, hier S. 309.

149 Platon, *Timaios*, in: ders.: *Sämtliche Werke 5. Politikos, Philebos, Timaios, Kritias*, Hamburg 1959, Abschnitt 56 a–b.

150 Ebd., Abschnitt 56 d.

151 Zitiert nach Wolfgang Schivelbusch, *Das verzehrende Leben der Dinge*, München 2015, S. 86 f.

152 Zum Folgenden vgl. ebd., S. 82 ff.

153 Siehe dazu Gernot Böhme u. Hartmut Böhme, *Feuer, Wasser, Erde, Luft. Eine Kulturgeschichte der Elemente*, München 1996, S. 266 ff.

154 Zitiert nach ebd., S. 265.

155 Schivelbusch, *Das verzehrende Leben der Dinge*, S. 90.

156 Ebd., S. 137.

157 Ilya Prigogine u. Isabelle Stengers, *Dialog mit der Natur. Neue Wege naturwissenschaftlichen Denkens*, München [6]1990, S. 112 ff.

158 Ebd., S. 97.

159 Siehe Karl Marx, *Das Kapital. Kritik der politischen Ökonomie*. Erster Band, Buch 1: *Der Produktionsprozeß des Kapitals*, in: Institut für Marxismus-Leninismus beim ZK der SED (Hg.), *MEW* Bd. 23, Berlin (Ost) 1962, S. 247.

160 Zur (bild-)medialen Konstitution von »Klima« siehe die Studie von Birgit Schneider, *Klimabilder. Eine Genealogie globaler Bildpolitiken von Klima und Klimawandel,* Berlin 2018.

161 Timothy Morton spricht in diesem Zusammenhang von »Hyperobjects«. Er ist, von einer »object-oriented ontology« kommend, dabei jedoch eher an den ontologischen Eigenschaften dieser »Hyperobjects« interessiert als an ihrem Zustandekommen. Geht es ihm v. a. darum, wie diese Objekte das Leben auf dem Planeten beeinflussen, soll es in dem hier entwickelten anthropozänen Ansatz primär darum gehen, zu untersuchen, welche Rolle Menschen bei der Entstehung dieser Objekte spielten und spielen. Timothy Morton, *Hyperobjects. Philosophy and Ecology after the End of the World*, Minnesota 2013.

162 Bruno Latour, *Wir sind nie modern gewesen. Versuch einer symmetrischen Anthropologie*, Frankfurt a. M. 2008.

163 Hans-Jörg Rheinberger, *Experimentalsysteme und epistemische*

Dinge. Eine Geschichte der Proteinsynthese im Reagenzglas, Göttingen [3]2019, S. 24 ff., und ders., *Natur und Kultur im Spiegel des Wissens*, Heidelberg 2015.

164 Rheinberger, *Natur und Kultur im Spiegel des Wissens*, S. 38.

165 Jörn Leonhard, *Die Büchse der Pandora. Geschichte des Ersten Weltkriegs*, München 2014, S. 295.

166 Ebd., S. 294.

167 Siehe das Kapitel »Mathematik und Monster«.

168 Ein Gas wie Senfgas diffundiert dabei sogar durch die Haut und greift den menschlichen Körper von innen an.

169 Gerhard Ertl u. Jens Soentgen (Hg.), *N: Stickstoff – ein Element schreibt Weltgeschichte*, München 2015.

170 Siehe Latour, *Wir sind nie modern gewesen*, S. 35 ff; Steven Shapin u. Simon Schaffer, *Leviathan and the Air Pump. Hobbes, Boyle and the Experimental Life*, Princeton 1985.

171 Neben den Museen waren es vor allem Literatur und Musik, die zu dieser Entwicklung beitrugen, sodass sich in allen drei Bereichen auch sehr schnell eigene Bildungskanons entwickelten.

172 Mark Mazower, *Die Welt regieren. Eine Idee und ihre Geschichte von 1815 bis heute*, München 2017, S. 239.

173 Ebd., S. 270.

174 Ebd., S. 294.

175 Ebd., S. 297.

176 Siehe das Kapitel »Kriege und Bevölkerungsentwicklung«.

177 Mazower, *Die Welt regieren*, S. 308.

178 Wilfried Loth, »Staaten und Machtbeziehungen im Wandel«, in: Akira Iriye u. Jürgen Osterhammel (Hg.), *Geschichte der Welt. 1945 bis heute. Die globalisierte Welt*, München 2013, S. 15–182, hier S. 125.

179 Noch im Jahre 2009 wurde im weltweiten Energiemix 35 Prozent vom Erdöl abgedeckt, gefolgt von der Kohle mit 29 Prozent. Siehe John R. Mc Neill, Peter Engelke, »Mensch und Umwelt im Anthropozän«, in: Iriye u. Osterhammel (Hg.), *Geschichte der Welt*, S. 357–534, hier S. 367.

180 Loth, »Staaten und Machtbeziehungen im Wandel«, S. 126.

181 Ebd., S. 128.

182 Mazower, *Die Welt regieren*, S. 352.

183 Ebd., S. 355.

184 Rawi Abdelal, *Capital Rules. The Construction of Global Finance*, Cambridge (MA), London 2007, S. 9 ff.

185 Ebd., S. 16.

186 Die Liberalisierung von EU und OECD führte dazu, dass im Jahr

2005 siebzig bis achtzig Prozent der weltweiten Kapitalflüsse gemäß den neuen liberalen Regeln erfolgten, wobei zunächst nur zwanzig, dann dreißig Staaten an diesen Austauschprozessen beteiligt waren.

187 Siehe das Kapitel »Kaliforniens planetarische Umgestaltung der Welt«.

188 Siehe auch das Kapitel »Silberminen und Plantagen. Der globale Handel mit Menschen und Waren«.

189 Siehe das Kapitel »Von den Zeiten«.

190 Siehe zu diesem Thema das HKW-Projekt »The Whole Earth« und insbesondere den Katalog: Diedrich Diedrichsen u. Anselm Franke, *The Whole Earth. Kalifornien und das Verschwinden des Außen*, Berlin 2013.

191 Fred Turner, *From Counterculture to Cyberculture. Steward Brand, the Whole Earth Network, and the Rise of Digital Utopianism*, Chicago, London 2006, S. 48 ff.

192 *Whole Earth Catalog. access to tools* (Herbst 1968), S. 3, in: {monoskop.org/images/0/09/Brand_Stewart_Whole_Earth_Catalog_Fall_1968.pdf}, letzter Zugriff am 12.6.2021.

193 Turner, *From Counterculture to Cyberculture*, S. 56 f.

194 Siehe {wheels.org/spacewar/stone/rolling_stone.html}, letzter Zugriff am 12.6.2021.

195 Turner, *From Counterculture to Cyberculture*, S. 116 f.

196 Ebd., S. 141 ff.

197 Ebd., S. 14.

198 Zitiert nach ebd., S. 38 f.

199 Siehe das Kapitel »Geometrie. Die Vermessung von Mensch und Welt«.

200 Karl Marx, »[Thesen über Feuerbach]«, in: Institut für Marxismus-Leninismus beim ZK der SED (Hg.), *MEW* Bd. 3, Berlin (Ost) 1978, S. 5–7, hier S. 7.

201 Orit S. Halpern, *Beautiful Data. A History of Vision and Reason since 1945*, Durham, London 2014, S. 44 ff.

202 Ebd., S. 154 ff.

203 Die Vorstellung, das Gehirn könne wie ein Computer behandelt werden, der binäre Informationen erhält und diese prozessiert, ist in den letzten Jahren in die Kritik geraten. Der darauf aufbauende Artificial Intelligence-Ansatz kann nämlich nicht hinreichend mit neuen, im System nicht schon integrierten Problemstellungen umgehen. Die neuen Ansätze verweisen auf *spontane Fluktuationen* im Bewusstsein, die durch dessen Einbettung in einen materiellen, sich bewegenden Körper entstehen. Sie erzeugen ein Rauschen, das durch

die binäre Logik 1/0 nicht erfasst wird, das aber die Grundlage für alle, v.a. aber auch kreative Bewusstseinsvorgänge sein könnte. Siehe hierzu Thomas Nail, »Artificial intelligence research may have hit a dead end«, in: *Salon* {salon.com/2021/04/30/why-artificial-intelligence-research-might-be-going-down-a-dead-end/}, letzter Zugriff am 12.6.2021.

204 Siehe dazu {technosphere-magazine.hkw.de}, letzter Zugriff am 12.6.2021.

205 So lassen sich die neuen »Führer« à la Trump als Symptome dieser Naturalisierung und damit Entmündigung großer Teile unserer Gesellschaft im Zuge der Entgrenzung, der Planetarisierung menschlichen Handelns verstehen, versprechen sie doch, den Entmündigten Handlungsmacht zurückzugeben.

206 Siehe dazu Joachim Radkau, *Das Zeitalter der Nervosität. Deutschland zwischen Bismarck und Hitler*, München 1998. Für den US-Kontext: David G. Schuster, *Neurasthenic Nation. America's Search for Health, Happiness, and Comfort, 1869–1920*, New Brunswick 2011. Oder auch Georg Simmel, »Die Großstädte und das Geistesleben«, in: Georg Simmel, *Individualismus der modernen Zeit,* Frankfurt a. M. 2008, S. 319–333.

Abdelal, Rawi, *Capital Rules. The Construction of Global Finance*, Cambridge (MA), London 2007.

Adorno, Theodor W., *Gesammelte Schriften*, Bd. 11: *Noten zur Literatur*, hg. von Rolf Tiedemann, Frankfurt a. M. 1974.

Ariès, Philipp, *Geschichte der Kindheit*, München [2]1979.

Assmann, Aleida, *Ist die Zeit aus den Fugen? Aufstieg und Fall des Zeitregimes der Moderne*, München 2013.

Assmann, Aleida, »Schwelle zwischen Alter und Neuer Welt. Francis Bacons Frontispiz zur Instauratio Magna«, in: Christoph Markschies u. a. (Hg.), *Atlas der Weltbilder*, Berlin 2011, S. 212–219.

Bakewell, Peter, *Miners of the Red Mountain. Indian Labor in Potosí, 1545–1650*, Albuquerque 1984.

Belting, Hans, *Florenz und Bagdad. Eine westöstliche Geschichte des Blicks*, München 2008.

Benjamin, Walter, »Traumstadt und Traumhaus, Zukunftsträume, anthropologischer Nihilismus, Jung« in: ders., *Das Passagen-Werk* (Vollständige Ausgabe), hg. von Rolf Tiedmann, Bd. 1, Frankfurt a. M. 1982, S. 490–510.

Benjamin, Walter, »Über den Begriff der Geschichte«, in: ders., *Gesammelte Schriften* Bd. I.2, Frankfurt a. M. 1974, S. 691–706.

Bergthaller, Hannes und Horn, Eva, *Anthropozän zur Einführung*, Hamburg 2019.

Beyer, Marcel, *XX. Lichtenberg-Poetikvorlesung*, Göttingen 2015.

Bilgrami, Akeel, »Occidentalism, the Very Idea. An Essay on Enlightenment and Enchantment«, in: *Critical Inquiry* 32/3 (Frühjahr 2006), S. 381–411.

Binswanger, Hans Christoph, *Vorwärts zur Mäßigung. Perspektiven einer nachhaltigen Wirtschaft*, Hamburg 2009.

Böhme, Hartmut und Gernot, *Das Andere der Vernunft. Zur Entwicklung von Rationalitätsstrukturen am Beispiel Kants*, Frankfurt a. M. [7]2016.

Böhme, Hartmut und Gernot, *Feuer, Wasser, Erde, Luft. Eine Kulturgeschichte der Elemente*, München 1996.

Boyd, Robert und Richerson, Peter J., *Culture and the Evolutionary Process*, Chicago 1985.

Braun, Christina von, *Der Preis des Geldes. Eine Kulturgeschichte*, Berlin 2012.

Bredekamp, Horst, »Der Mensch als Mörder der Natur. Das ›Iudicium Iovis‹ von Paulus Niavis und die Leibmetaphorik«, in: Heimo Reinitzer

(Hg.), *All Geschöpf ist Zung' und Mund. Beiträge aus dem Grenzbereich von Naturkunde und Theologie*, Hamburg 1984, S. 261–283.

Cane, Mark A., Kelley, Colin P., Kushnir, Yochan, Mohtadi, Shahrzad und Seager, Richard, »Climate change in the Fertile Crescent and implications of the recent Syrian drought«, in: *Proceedings of the National Academy of Sciences of the United States of America* 112, Nr. 11 (2015), S. 3241–3246.

Chakrabarty, Dipesh, »The Climate of History. Four Theses«, in: *Critical Inquiry* 35, Nr. 2 (2009), S. 197–222.

Cohen, Floris, *Die zweite Erschaffung der Welt. Wie die moderne Naturwissenschaft entstand*, Frankfurt a. M., New York 2010.

Creischer, Alice, Hinderer, Max Jorge und Siekmann, Andreas (Hg.), *Das Potosí-Prinzip. Wie können wir das Lied des Herren im fremden Land singen? Koloniale Bildproduktion in der globalen Ökonomie*, Köln 2010.

Crutzen, Paul J. und Stroemer, Eugene F., »The Anthropocene«, in: *IGBP Newsletter* 41 (2000), S. 16–18.

Davies, Jeremy, *The Birth of the Anthropocene*, Oakland 2016.

Descartes, René, *Meditationen über die Grundlagen der Philosophie mit den sämtlichen Einwänden und Erwiderungen*, Hamburg 1972.

Diedrichsen, Diedrich und Franke, Anselm, *The Whole Earth. Kalifornien und das Verschwinden des Außen*, Berlin 2013.

Elias, Norbert, *Über den Prozeß der Zivilisation. Soziogenetische und psychogenetische Untersuchungen*, 2 Bde., Frankfurt a. M. [6]1978.

Elkana, Yehuda, »The University of the 21st Century. An Aspect of Globalisation«, in: Jürgen Renn (Hg.), *The Globalisation of Knowledge in History. Max Planck Research Library for the History and Development of Knowledge. Studies I*, Berlin 2012, S. 605–630.

Engelke, Peter und McNeill, John R., »Mensch und Umwelt im Anthropozän«, in: Akira Iriye und Jürgen Osterhammel (Hg.), *Geschichte der Welt. 1945 bis heute. Die globalisierte Welt*, München 2013, S. 357–534.

Ertl, Gerhard und Soentgen, Jens (Hg.), *N: Stickstoff – ein Element schreibt Weltgeschichte*, München 2015.

Foerster, Heinz von, *Sicht und Einsicht. Versuche zu einer operativen Erkenntnistheorie*, Wiesbaden 1985.

Fountain, Henry, »Researchers Link Syrian Conflict to a Drought Made Worse by Climate Change«, in: *The New York Times*, 2.3.2015.

Gay, Peter, *Die Moderne. Eine Geschichte des Aufbruchs*, Frankfurt a. M. 2008.

Gerhardus, Maly und Dietfried, *Kubismus und Futurismus. Die Entwicklung zum autonomen Bild*, Freiburg i. Br. 1977.

Gilroy, Paul, »Der Black Atlantic«, in: HKW in Zusammenarbeit mit Tina Campt und Paul Gilroy (Hg.), *Der Black Atlantic*, Berlin 2004, S. 12–32.

Glasersfeld, Ernst von, *Der Radikale Konstruktivismus. Ideen, Ergebnisse, Probleme*, Frankfurt a. M. 1996.

Glissant, Edouard, *Zersplitterte Welten. Der Diskurs der Antillen*, Heidelberg 1986.

Goethe, Johann Wolfgang, *Die Wahlverwandtschaften*, Erläuterungen von Hans-J. Weitz, mit einem Essay von Walter Benjamin, Frankfurt a. M., Leipzig 1972.

Graeber, David, *Schulden. Die ersten 5000 Jahre*, Stuttgart 2012.

Greenblatt, Stephen, *Wunderbare Besitztümer. Die Erfindung des Fremden: Reisende und Entdecker*, Berlin 1994.

Halpern, Orit S., *Beautiful Data. A History of Vision and Reason since 1945*, Durham, London 2014.

Hartman, Saidiya V., *Scenes of Subjection. Terror, Slavery, and Self-Making in Nineteenth-Century America*, New York, Oxford 1997.

Hesiod, *Theogonie. Werke und Tage*. Griechisch-deutsch, Berlin [5]2012.

Hobbes, Thomas, *Grundzüge der Philosophie. Erster Teil: Lehre vom Körper*, Leipzig 1949.

Hörisch, Jochen, *Tauschen, sprechen, begehren. Eine Kritik der unreinen Vernunft*, München 2011.

Hull, David, *Sciene as a Process. An Evolutionary Account of the Social and Conceptual Development of Science*, Chicago 1988.

Kant, Immanuel, *Kritik der reinen Vernunft*. Zweiter Teil, Darmstadt 1956.

Kern, Stephen, *The Culture of Time and Space, 1880–1918*, Cambridge (MA) 2003.

Latour, Bruno, *Das Parlament der Dinge. Für eine politische Ökologie*, Frankfurt a. M. 2001.

Latour, Bruno, *Wir sind nie modern gewesen. Versuch einer symmetrischen Anthropologie*, Frankfurt a. M. 2008.

Leonhard, Jörn, *Die Büchse der Pandora. Geschichte des Ersten Weltkriegs*, München 2014.

Locke, John, *Zwei Abhandlungen über die Regierung*. Frankfurt a. M. [15]2017.

Lorenz, Kuno, »Nomos und Physis angesichts menschlicher Vernunft«, in: ders., *Philosophische Variationen*, Berlin, New York 2011, S. 305–319.

Lorenz, Kuno, »Stationen auf dem Weg einer Selbstbestimmung des Menschen«, in: ders., *Philosophische Variationen*, Berlin, New York 2011, S. 372–390.

Lorenz, Kuno, »Was haben künstlerische und wissenschaftliche Erkenntnisse miteinander zu tun?«, in: ders., *Philosophische Variationen*, Berlin, New York 2011, S. 333–348.

Loth, Wilfried, »Staaten und Machtbeziehungen im Wandel«, in: Akira Iriye und Jürgen Osterhammel (Hg.), *Geschichte der Welt. 1945 bis heute. Die globalisierte Welt*, München 2013, S. 15–182.

Macpherson, C. B., *Die politische Theorie des Besitzindividualismus. Von Hobbes bis Locke*, Frankfurt a. M. [4]2016.

Marx, Karl, *Das Kapital. Kritik der politischen Ökonomie*. Erster Band, Buch 1: *Der Produktionsprozeß des Kapitals*, in: Institut für Marxismus-Leninismus beim ZK der SED (Hg.), *MEW* Bd. 23, Berlin (Ost) 1962.

Marx, Karl, »[Thesen über Feuerbach]«, in: Institut für Marxismus-Leninismus beim ZK der SED (Hg.), *MEW* Bd. 3, Berlin (Ost) 1978, S. 5–7.

Mazower, Mark, *Die Welt regieren. Eine Idee und ihre Geschichte von 1815 bis heute*, München 2017.

Mbembe, Achille, *Kritik der schwarzen Vernunft*, Frankfurt a. M. 2014.

Mintz, Sidney, *Die süße Macht. Kulturgeschichte des Zuckers*, Frankfurt a. M. 2007.

Mittelstraß, Jürgen, *Neuzeit und Aufklärung. Studien zur Entstehung der neuzeitlichen Wissenschaft und Philosophie*, Berlin, New York 1970.

Morton, Timothy, *Hyperobjects. Philosophy and Ecology after the End of the World*, Minnesota 2013.

Nowotny, Helga, *Eigenzeit. Entstehung und Strukturierung eines Zeitgefühls*, Frankfurt a. M. 1989.

Parzinger, Hermann, *Die Kinder des Prometheus. Eine Geschichte der Menschheit vor der Erfindung der Schrift*, München [2]2015.

Platon, *Timaios*, in: ders., *Sämtliche Werke 5. Politikos, Philebos, Timaios, Kritias*, Hamburg 1959.

Polanyi, Karl, *The Great Transfomation. Politische und ökonomische Ursprünge von Gesellschaften und Wirtschaftssystemen*, Frankfurt a. M. 1978.

Prigogine, Ilya und Stengers, Isabelle, *Dialog mit der Natur. Neue Wege naturwissenschaftlichen Denkens*, München [6]1990.

Publius Ovidius Naso, *Metamorphosen*, Lateinisch-deutsch, Berlin, Boston 2017.

Quine, Willard Van Orman, *Word and Object*, Cambridge (MA) 1960.

Radkau, Joachim, *Das Zeitalter der Nervosität. Deutschland zwischen Bismarck und Hitler*, München 1998.

Renn, Jürgen, »Was wir von Kuschim über die Evolution des Wissens und die Ursprünge des Anthropozäns lernen können«, in: ders. und Bernd Scherer, *Das Anthropozän. Zum Stand der Dinge*, Berlin 2015, S. 184–209.

Rheinberger, Hans-Jörg, *Experimentalsysteme und epistemische Dinge. Eine Geschichte der Proteinsynthese im Reagenzglas*, Göttingen [3]2019.

Rheinberger, Hans-Jörg, *Natur und Kultur im Spiegel des Wissens*, Heidelberg 2015.

Russell, Bertrand, *Introduction to Mathematical Philosophy*, London 1919.

Sassoon, Siegfried, *Counter-attack, and other poems*, New York 1918.

Schäfer, Daniel, »Der Schock durch den Fonds der Nobelpreisträger«, in: *Frankfurter Allgemeine Zeitung*, 13.3.2008.

Schaffer, Simon und Shapin, Steven, *Leviathan and the Air Pump. Hobbes, Boyle and the Experimental Life*, Princeton 1985.

Scherer, Bernd Michael, *Prolegomena zu einer einheitlichen Zeichentheorie. Ch. S. Peirces Einbettung der Semiotik in die Pragmatik*, Tübingen 1984.

Schivelbusch, Wolfgang, *Das verzehrende Leben der Dinge*, München 2015.

Schlögel, Karl, *Im Raume lesen wir die Zeit. Über Zivilisationsgeschichte und Geopolitik*, Frankfurt a. M. 2007.

Schneider, Birgit, *Klimabilder. Eine Genealogie globaler Bildpolitiken von Klima und Klimawandel*, Berlin 2018.

Schuster, David G., *Neurasthenic Nation. America's Search for Health, Happiness, and Comfort, 1869–1920*, New Brunswick 2011.

Schüttpelz, Erhard, »Die karibische Erkenntnis«, in: Diedrich Diedrichsen, Anselm Franke und Haus der Kulturen der Welt (Hg.), *Liebe und Ethnologie. Die koloniale Dialektik der Empfindlichkeit (nach Hubert Fichte)*, Berlin 2019, S. 131–135.

Simmel, Georg, »Die Großstädte und das Geistesleben«, in: ders., *Individualismus der modernen Zeit*, Frankfurt a. M. 2008, S. 319–333.

Smith, John Maynard, *The Theory of Evolution*, Cambridge (MA) 1993.

Steininger, Benjamin, »Raffinerie und Katalyse«, in: Jürgen Renn und Bernd Scherer (Hg.), *Das Anthropozän. Zum Stand der Dinge*, Berlin 2015, S. 210–225.

Summerhayes, Colin P., Waters, N. Colin, Williams, Mark und Zalasiewicz, Jan (Hg.), *The Anthropocene as a Geological Time Unit. A Guide to the Scientific Evidence and Current Debate*, Cambridge 2019.

Todorov, Tzvetan, *Die Eroberung Amerikas. Das Problem des Anderen*, Frankfurt a. M. 1985.

Tomasello, Michael, *Eine Naturgeschichte der menschlichen Moral*, Berlin 2020.

Tsing, Anna Lowenhaupt, *Der Pilz am Ende der Welt. Über das Leben in den Ruinen des Kapitalismus*, Berlin 2018.

Turner, Fred, *From Counterculture to Cyberculture. Steward Brand, the Whole Earth Network, and the Rise of Digital Utopianism*, Chicago, London 2006.

Walcott, Derek, »Die Antillen. Fragmente epischen Erinnerns«, in: ders., *Erzählungen von den Inseln*, München, Wien 1993, S. 7–24.

Wengrow, David, *The Origin of Monsters. Image and Cognition in the First Age of Mechanical Reproduction*, Princeton 2014.

Wise, Matthew Norton, »Architecture for Steam«, in: Peter Galison und Emily Thompson (Hg.), *The Architecture of Science*, Cambridge (MA), London 1999, S. 107–140.

Wynter, Sylvia, »Columbus, the Ocean Blue, and Fables That Stir the Mind. To Reinvent the Study of Letters«, in: Bainard Cowen und Jefferson Humphries, *Poetics of the Americas. Race, Founding, and Textuality*, Baton Rouge, London 1997, S. 141–164.

Links

{de.statista.com/statistik/daten/studie/157755/umfrage/klimawandel---die-weltweit-waermsten-jahre-seit-1880/}.

{technosphere-magazine.hkw.de}.

{wheels.org/spacewar/stone/rolling_stone.html}.

Chakrabarty, Dipesh, »History on an Expanded Canvas. The Anthropocene's Invitation«, in: HKW {hkw.de/de/app/mediathek/video/22392}.

Nail, Thomas, »Artificial intelligence research may have hit a dead end«, in: *Salon* {salon.com/2021/04/30/why-artificial-intelligence-research-might-be-going-down-a-dead-end/?fbclid=IwAR0W9eZqk99QBCe-Ip6rBf6EDq6pqh7ODcleo3XTMuJ3DisZTgQV36ZvP6E}.

Whole Earth Catalog. access to tools (Herbst 1968), S. 3, in: {monoskop.org/images/0/09/Brand_Stewart_Whole_Earth_Catalog_Fall_1968.pdf}.

ABBILDUNGEN

S. 8 *The Great Acceleration*, © Félix Pharand-Deschênes / Globaïa.

S. 18 Titelholzschnitt aus Paulus Niavis (Paul Schneevogel), *Iudicium Iovis ad quod mortalis homo a terra tractus parricidii accusatus*, Leipzig ca. 1495.

S. 24 Pinar Yoldas, *Stomaximus: plastivore digestive organ*, 2013, Polymer-Ton, Silikon, Glas, © Pinar Yoldas.

S. 36 Steinamulett mit Darstellung von *Lamashtu*, auf einem Esel stehend (wahrscheinlich frühes erstes Jahrtausend v. u. Z.), abgedruckt in: David Wengrow, *The Origins of Monsters. Image and Cognition in the First Age of Mechanical Reproduction*, Princeton, Oxford 2013, S. 102.

S. 46 Jan Vermeer, *Der Geograph*, 1668/69, Öl auf Leinwand, Sammlung: Städel Museum, Frankfurt a. M.

S. 56 Francisco de Goya, *Saturn verschlingt seine Kinder*, 1819–1823, Öl auf Leinwand, Sammlung: Museo del Prado, Madrid.

S. 72 Hana Usui, *Fukushima #8*, 2019, Courtesy Marcello Farabegoli Projects.

S. 82 Simon de Passe, Frontispiz zu Francis Bacon, *Novum Organum, sive Indicia Vera de Interpretatione Naturae*, London 1620.

S. 104 Maestro de Caquiaviri, *Infierno*, 1739, Öl auf Leinwand, Iglesia de Caquiaviri, Departamento de La Paz, Detail, Foto: Andreas Siekmann.

S. 112 Armin Linke. Greenhouse, El Ejido, Spain, 2013 (ReN_007774_19). Courtesy Armin Linke and Vistamare I Vistamarestudio, Pescara | Milano.

S. 132 Soldat des Infanterieregiments 106 während des Ersten Weltkrieges mit Gasschutzmaske an der Westfront | Bild: Scherl/Süddeutsche Zeitung Photo.

S. 140 Die Ammoniaksynthese nach dem Haber-Bosch-Verfahren, CC BY-SA 4.0, {commons.wikimedia.org/w/index.php?curid=3167578}.

S. 146 Joseph Wright of Derby, *Das Experiment mit dem Vogel in der Luftpumpe*, 1768, Öl auf Leinwand, Sammlung: The National Gallery, London.

S. 154 Filmstill aus *There Will Be Blood* / Daniel Plainview (DANIEL DAY-LEWIS) Regie: Paul Thomas Anderson aka. There Will Be Blood | United Archives GmbH / Alamy Stock Photo.

S. 162 Armin Linke. Occupy Frankfurt, camp in front of the ECB, Frankfurt am Main, Germany, 2011 (ReN_007126_17). Courtesy Armin Linke and Vistamare I Vistamarestudio, Pescara | Milano.

S. 168 Stewart Brand (Hg.): *The Last Whole Earth Catalog. Access to Tools*, Menlo Park, CA, 1971, Titelblatt.

S. 178 Armin Linke. Honda Research Centre, humanoid robot, Wako (Tokyo), Japan, 1999 (ReN_002094_18). Courtesy Armin Linke and Vistamare I Vistamarestudio, Pescara | Milano.

S. 190 Armin Linke. Digital stock market ticker for coffee, Harar, Ethiopia, 2012 (ReN_007221_13). Courtesy Armin Linke and Vistamare I Vistamarestudio, Pescara | Milano.

Das Zitat von Alexander Kluge auf S. 66 stammt aus dem Buch Alexander Kluge / Gerhard Richter, *Nachrichten von ruhigen Momenten. 89 Geschichten. 64 Bilder* © Suhrkamp Verlag Berlin 2013.

Erste Auflage Berlin 2022

Göhrener Str. 7 | 10437 Berlin
info@matthes-seitz-berlin.de

Umschlaggestaltung unter Verwendung des Bildes From a helicopter, near the North Pole, Arctic Ocean, 2001 (ReN_003153_8). Courtesy Armin Linke and Vistamare I Vistamarestudio, Pescara | Milano.

Satz: Monika Grucza-Nápoles, Berlin
Druck und Bindung: GGP Media GmbH, Pößneck
ISBN: 978-3-95757-917-1
www.matthes-seitz-berlin.de